VALEURS
DE L'ENTREPRISE
QUÉBÉCOISE

RODERICK J. MACDONALD

VALEURS
DE L'ENTREPRISE
QUÉBÉCOISE

4501, rue Drolet
Montréal (Québec) H2T 2G2 Canada
Tél.: (514) 842-3481
Téléc.: (514) 842-4923

Révision linguistique: Jacinthe Caron

TABLE DES MATIÈRES

Introduction XI

PARTIE 1 1

Introduction 3

CHAPITRE I Les valeurs et la richesse au Québec
Roderick J. Macdonald 5
- ♦ L'Occident 6
- ♦ Trois valeurs et l'économie québécoise 9

Épilogue 23

CHAPITRE II La solidarité
Claude Béland 27
- ♦ La genèse des valeurs d'une société 27
- ♦ L'atrophie des valeurs 28
- ♦ L'entreprise et les valeurs 31
- ♦ Rationalité, économisme et écologie humaine 34
- ♦ La gestion et l'écologie humaine 37

Épilogue 40

**CHAPITRE III L'initiative et la responsabilité :
deux vertus à la conquête de la
subsidiarité**
Charles Sirois 43
- ♦ L'État providence et le poids du passé 44
- ♦ La participation à l'économie 46
- ♦ Face à l'avenir 47

Partie 2 49

Introduction 51

CHAPITRE IV Les valeurs des journalistes et des hommes d'affaires, 75 ans avant la Révolution tranquille
Fernande Roy 55

♦ Des journaux et des associations 56
♦ Le «progrès» à la manière des hommes d'affaires 59
♦ Le Québec «moderne», vers 1900... 64
♦ Crise, blocage et contestations 70

Épilogue 78

CHAPITRE V Les valeurs sociales et l'entreprise
Marcel Lizée 83

♦ L'idéologie de l'entreprise amorale 84
♦ La responsabilité sociale de l'entreprise 93

Épilogue 98

CHAPITRE VI La morale et le droit des affaires
Michèle Gamache 103

♦ Des règles juridiques à connotation morale 105
♦ Les contrats 107
♦ La responsabilité civile 116
♦ Les devoirs d'un employé 127
♦ Les devoirs d'un administrateur 133
♦ La responsabilité personnelle d'un administrateur .. 140

Épilogue 147

Partie 3 149

Introduction 151

CHAPITRE **VII Les valeurs et le design
organisationnel: genèse d'une firme
éthique** *Roderick J. Macdonald
et Patrick Pichette* 155

♦ L'insuffisance des codes de conduite et le besoin
d'un programme d'éthique complet 159

♦ Les diagnostics 163

♦ Instaurer la corporation éthique 176

Épilogue 191

Tableaux et figures 193

CHAPITRE **VIII Les communications dans
l'entreprise et la gestion
des valeurs**
Jean Robillard 203

♦ L'entreprise génératrice et consommatrice
d'information 204

Épilogue 225

CHAPITRE **IX L'ABC de la morale**
Roderick J. Macdonald 231

♦ Les valeurs 232

♦ L'analyse morale 234

Épilogue 240

Tableaux 242

Annexe 245

♦ Le prétendu rejet de la conscience 245

♦ Les transcendentaux 246

♦ Quelques grandes religions 248

Épilogue 251

INTRODUCTION

L'éthique en affaires doit sa grande actualité à deux tendances. Celles-ci proviennent, à leur tour, de sources multiples, dont une évidente influence américaine.

La tendance à la normalisation est, d'une part, une **pression**, dans le sens d'une multiplication des règles à respecter dans la gestion des affaires. Elle est essentiellement d'inspiration **négative**, car elle est une force de réaction contrecarrant les scandales. Il y a toujours eu, et il y aura toujours, des comportements scandaleux chez les gestionnaires d'entreprises. Cependant, le grand succès médiatique du Watergate aux États-Unis a suscité un nouvel intérêt pour le pécheur public et sa pénitence. Les années soixante-dix et quatre-vingt n'ont-elles pas été témoins de nombreux petits Watergate dans ce milieu? Parallèlement, une nouvelle race de journalistes a surgi, fondue dans le même moule que Ralph Nader, qui dénonce les transactions spéculatrices d'envergure caractérisant cette dernière décennie.

Au Québec à l'heure actuelle, nous nous montrons moins critiques qu'auparavant. En quête de poids lourds à admirer, souvent seules les transactions spectaculaires attiraient notre attention. Nous sommes demeurés insouciants quelques années plus tard, même lorsque des entreprises devenues colossales se sont effondrées ou ont été rescapées par le gouvernement à même nos sous. Léo-Paul Lauzon, un collègue, s'est donné la mission de dévoiler les fautes de gestion et l'irresponsabilité de la haute direction de maintes entreprises ainsi que de certaines industries tout entières! Certains croient qu'il exagère, d'autres qu'il s'est rangé du mauvais côté. La vérité est qu'il a parfois raison, que les gestionnaires font, eux aussi, des gaffes tout en travaillant, leur paraît-il, d'arrache-pied et «du bon bord». Car en affaires comme dans la vie privée, l'accommodement est le premier ennemi de la vertu.

Il ne s'agit pas de croire que seuls les journalistes et leurs lecteurs et lectrices - sans parler du gouvernement - chercheraient à normaliser l'entreprise. L'image que revêt l'entreprise préoccupe les femmes et les hommes d'affaires à tel point qu'ils tâchent de repérer et de contrôler les moins scrupuleux de leurs collègues. Si le **business** était perçu comme une activité déshonorante, comment arriverait-on à attirer les plus talentueux de la nouvelle génération? Comment expliquerait-on son travail à ses propres enfants? Comment, enfin, éviterait-on la tentaculaire implication du gouvernement dans l'arène du marché? Les hauts dirigeants eux-mêmes visent donc une sorte d'autonormalisation du milieu des affaires.

Cependant, la tendance vers la normalisation rendrait le côté concret de l'éthique en affaires très ennuyeux, autant pour l'économie que pour l'entreprise particulière: multipliez les règles du jeu et vous multipliez les transgressions. C'est logique. La mentalité légaliste perçoit les pénalités ainsi appliquées comme des droits inévitablement associés au succès. La mentalité académique naïve, elle, véhicule l'idée que l'apprentissage des vertus dans l'entreprise devient payant à long terme. C'est alors qu'un problème se pose: les gestionnaires honnêtes, séduits par la logique de cette mentalité se soustraient aux bonnes mœurs ainsi acquises lorsqu'une concurrence sauvage, des actionnaires impatients ou une récession sévère imposent une gestion à court terme.

Mais il y a d'autre part, et heureusement, une **pression positive** activée par l'intérêt pour les valeurs morales en affaires. Elle naît de trois phénomènes: la culture organisationnelle, la gestion des valeurs et la «japonisation» de la gestion.

La recherche sur la culture organisationnelle tranche nettement la question de ce qui constitue l'élément essentiel de la gestion. Celui-ci n'est ni dans les bilans, ni dans les organigrammes, ni même dans les immeubles ou la machinerie. Les machines s'usent, les immeubles s'écroulent, la stratégie et les recettes fluctuent au gré des humeurs du marché. La seule pierre d'angle possible pour une entreprise n'est pas ce qui entoure mais bien ce qu'il y a à l'intérieur de ceux et celles qui la composent. Leurs idées et leurs désirs: voilà ce qui décide et ce qui crée l'avenir!

Peters et Waterman, coauteurs de *La poursuite de l'excellence*, épousent une idée semblable, et nous abordons ici le deuxième phénomène. Tout en formulant sept ou huit recommandations, ils avancent le principe selon lequel l'entreprise éminente serait *hands on, value-driven*. Les valeurs deviennent alors l'une des clés ou l'un des moteurs du succès. Mais de quelles valeurs s'agit-il? La réponse, implicite, est claire: les valeurs qu'adopte la haute direction. (Certains, malicieux, pourraient y substituer: les valeurs qui animent ses consultants.) Les conséquences d'une telle vision limitée ne tardent pas à se manifester. En novembre 1984, soit trois ans après la parution de *In Search of Excellence*, *Business Week* publie un article étalant les déboires d'entreprises données comme modèles par MM. Peters et Waterman. La leçon est dure mais combien utile: les vraies valeurs ne sont pas issues de quelque caprice de la volonté humaine mais plutôt de la réalité. Dans le cas des entreprises, des réalités du marché[1].

La lacune ainsi créée est comblée par l'effet du troisième phénomène: la «japonisation» de la gestion. Conçues aux États-Unis où elles sont menacées d'étouffement, nombreuses sont les idées qui renaissent au Japon. Ce n'est qu'après une vie réussie là-bas qu'elles regagnent l'Amérique. La Qualité Totale de Deming typifie ces idées: l'entreprise est humanisée et les valeurs prédominent, mais la qualité, et de là toute la force des valeurs dérivées, est définie par le client avant d'être traduite en formules par les ingénieurs.

---

1 Peters et Waterman eux-mêmes l'avaient précisément observé dans les entreprises qu'ils ont étudiées: "[...] the stronger the culture and the more *it was directed toward the marketplace*, the less need there was for policy manuals, organization charts, or detailed procedures and rules[...]" (italique ajouté), *In Search of Excellence*, 1982, p. 75.

La tendance vers la normalisation et l'intérêt pour les valeurs sont harmonisés et rendus opérants au chapitre huit de ce livre.

En gestion comme ailleurs, il est d'usage avant d'agir d'analyser la situation actuelle et de faire le tour des idées connexes, afin d'épouser un chemin à la fois désirable et praticable. Ce livre est donc divisé en trois parties : un descriptif de l'état actuel des valeurs au Québec, un survol des idées gérant l'action des entreprises et un guide de mesures administratives.

La partie 1 comporte trois chapitres. Le chapitre premier, qui traite des valeurs et de la richesse québécoises, nous présente un Québec qui partage le même sort que l'Occident tout entier. Trois valeurs en particulier, la famille, la vérité et le droit à la vie, connaissent actuellement un sérieux déclin. Cet état de choses entraîne de graves conséquences pour notre capacité de générer et de nous approprier des richesses.

Suivent deux chapitres qui gravitent autour d'une valeur souvent méprisée depuis que l'anglais Lord Acton déclarait: «Power corrupts, absolute power corrupts absolutely». Toutes les autres valeurs aboutissent, forcément, par l'exercice du pouvoir: la famille par le pouvoir procréatif, la vérité et la culture par le fonctionnement de nos facultés d'esprit, la richesse par la maîtrise de la matière, etc. Le pouvoir s'épanouit loin de toute corruption lorsque trois principes sont respectés: la solidarité ou l'égard pour les initiatives de ses semblables, la subsidiarité ou l'égard pour les initiatives de ses subalternes et la responsabilité pour ses propres initiatives.

Ainsi, dans le deuxième chapitre, Claude Béland nous invite à considérer le rôle de la solidarité dans l'économie québécoise. Il nous met en garde contre un faux rationalisme qui ronge cette solidarité et nous rappelle que la famille est l'une des meilleures écoles de ce principe. Au chapitre trois, Charles Sirois nous engage fortement à quitter nos berceuses et à entreprendre l'avenir. Si l'État providence insensible et les difficultés éprouvées dans l'économie ne favorisent pas l'initiative, ce sont d'autant plus de raisons pour entamer dès maintenant la reconquête de notre liberté et... de nos devoirs.

La partie 2, nous l'avons déjà annoncé, traite des idées touchant le fonctionnement des entreprises. Qui dit entreprise entend souvent libre entreprise. Liberté, libéralisme, *free-for-all*. Cette suite d'une logique pervertie semble légitime pour ceux et celles qui confondent liberté et irresponsabilité, qui ne conçoivent un marché libre qu'en termes de ce que cela peut leur apporter, aux dépens d'autrui s'il le faut. Fernande Roy, dans *Les valeurs des journalistes et des hommes d'affaires francophones, 75 ans avant la Révolution Tranquille*, démolit le mythe du Québécois moyen d'avant la Révolution Tranquille voué seulement au séminaire ou à la ferme. Déjà, au XIXe siècle, l'on entendait un discours libéral dans le milieu des affaires... en français! Mais attention, Marcel Lizée, dans *Les valeurs sociales et l'entreprise*, nous montre que la notion d'entreprise amorale est aberrante, la qualifiant de grande erreur à déraciner. Il élabore la nature et les limites de la responsabilité sociale de l'entreprise. Finalement, *La morale et le droit des affaires*, travail de Michèle Gamache, explique que plusieurs notions de simple morale obligent, autant légalement que logiquement.

La partie III est consacrée au côté pratique: on y trouve une série de mesures administratives à prendre, à la lumière des deux premières parties. Patrick Pichette et moi-même expliquons dans le concret la gestion des valeurs dans l'entreprise, tandis que Jean Robillard expose le rôle des communications dans cette gestion.

À la toute fin de l'œuvre, avant l'épilogue, sont insérés deux courts documents traitant des fondements philosophiques qui inspirent cette œuvre: *L'ABC de la morale* et son annexe, *L'origine des valeurs*.

Outre la collaboration de plusieurs auteurs distingués, ce livre a bénéficié de plusieurs années de gestation et des commentaires de nombreux cadres et directeurs d'entreprises (surtout du Québec, mais aussi de l'étranger), ainsi que des observations et réactions de mes étudiants de MBA à IESE, Barcelone, du Advanced Management Program de IDE, Guayaquil, de premier cycle de l'UQAM et au Ph.D. conjoint en administration des quatre écoles de gestion à Montréal. Richard Le Hir, avant d'entrer dans la politique, a eu la gentillesse de m'aider à prendre contact avec plusieurs entreprises. Mon français sauvage a été dressé par Pierre Charette et Gérard Léo Bonneville; Amal Hicham et Chantal Malouin m'ont aussi aidé à rédiger mon texte. Claire Reeves, secrétaire extraordinaire, m'a sauvé la vie à plusieurs reprises. Jacinthe Caron de Guérin éditeur a révisé le français de tout le manuscrit. Denis Rolland et Francine Loiselle ont suivi la mise en page et les corrections avec un calme et une patience admirables. À tous et toutes un gros merci. J'espère que le résultat final vous plaira!

PARTIE 1

Chapitre I

Les valeurs et la richesse au Québec
RODERICK J. MACDONALD

Chapitre II

La solidarité
CLAUDE BÉLAND

Chapitre III

L'initiative et la responsabilité:
deux vertus à la conquête de la subsidiarité
CHARLES SIROIS

C inq valeurs fondamentales structurent cette section. Le chapitre intitulé *Les valeurs et la richesse au Québec* démontre que l'abandon de trois de ces valeurs (l'éclatement de la famille, le non-respect de la vie, l'érosion de la vérité) conduit inévitablement à la perte d'une quatrième valeur, la richesse. Les derniers chapitres tournent autour de la valeur souvent méprisée des intellectuels: le pouvoir. C'est par l'exercice du pouvoir que l'être humain laisse ses empreintes sur la nature et sur l'histoire. Le pouvoir est intimement lié à la liberté, au travail, à la religion ou aux relations avec Dieu. On peut prendre l'initiative et exercer le pouvoir, ou on peut rester inactif. Deux principes fondamentaux règlent l'exercice du pouvoir. L'un, horizontal, regroupe les personnes en une seule initiative: c'est le principe de la solidarité, le sujet du chapitre de Claude Béland. L'autre principe, vertical, respecte les initiatives des regroupements subalternes: c'est le principe de la subsidiarité, sujet du chapitre de Charles Sirois, qui nous invite à sortir de nos berceuses et à prendre nos responsabilités.

B I O G R A P H I E

Roderick J. Macdonald a travaillé en entreprise comme analyste financier, comme vendeur et comme gestionnaire. Engagé à titre de professeur à l'Université du Québec à Montréal, il dirige dès sa première année quatre programmes de premier cycle: finance, marketing, gestion informatisée et affaires immobilières. Pendant ce temps, il consolide ses connaissances en administration, enseigne la stratégie de gestion et s'attaque à l'un des grands problèmes des affaires: la genèse de la richesse dans les nouveaux secteurs industriels. La plupart de ses publications relèvent de ce domaine.

Libéré de ses tâches de direction de programme en 1986, il s'intéresse alors de plus en plus aux facteurs sociaux qui influencent le rendement des entreprises et la création de la richesse. En dernier lieu, il s'oriente vers l'éthique des affaires depuis 1989.

LES VALEURS ET LA RICHESSE AU QUÉBEC

RODERICK J. MACDONALD

Le comportement moral de toute société est étroitement lié à sa capacité de générer et d'acquérir la richesse.

Traduisons cette affirmation en termes applicables à notre société: la perte des valeurs au Québec a entraîné la perte de vitesse de notre économie.

L'augmentation de la pauvreté au Québec, et particulièrement dans la ville de Montréal, fait les manchettes des journaux depuis des années. Cela n'est pas seulement attribuable à la conjoncture économique que nous connaissons. Peu importe la fin de la récession, les problèmes auxquels nous sommes confrontés sont des problèmes de fond: des faiblesses de structures, nous dit-on. Tout le monde offre des solutions. Certains politiciens proposent une stratégie industrielle, alors que d'autres envisagent l'instauration d'un nouvel ordre politique. Quelques regroupements d'entreprises réclament le retrait du gouvernement de l'économie et d'autres, au contraire, souhaitent des dispositions visant à venir en aide aux entreprises convalescentes.

Certes, des mesures vigoureuses pourront donner un second souffle à notre économie. Toutefois, chacun et chacune de nous entend encore le terrible avertissement que lançait le chroniqueur Claude Picher dans *La Presse* du 10 janvier 1992: «Grouillez-vous!»

Tout compte fait, nous devons admettre les faiblesses de notre économie, de notre société et de notre esprit d'entreprise. De plus, nous devons reconnaître la place qu'occupe le Québec dans le monde occidental, sans exagérer ni ses particularités, ni ses ressemblances avec d'autres États. Et l'Occident semble être en chute libre.

L'OCCIDENT

Dans les nouvelles en provenance des États-Unis, nous entendons répéter quotidiennement que l'économie japonaise est plus à craindre lorsqu'elle est faible que lorsqu'elle est en santé.

L'Occident est aujourd'hui démuni face à une puissance économique d'Extrême-Orient et face à une puissance démographique comme celle de l'Islam. Pourquoi ? Parce que les Musulmans sont méchants ? Parce que les Japonais, les Chinois et les Coréens sont des monstres ? Absolument pas. Tout simplement parce que l'Occident est à bout de souffle.

Rien de cela n'échappe à personne. Lorsque les journaux ainsi que les citoyens et citoyennes se plaignent de la piètre qualité de l'éducation et que les gouvernements s'apprêtent à accroître leurs déficits en instaurant des programmes de revitalisation de l'éducation primaire et secondaire, les cerveaux de la société succombent par asphyxie : coupures de budgets, épuisement de leur temps et de leurs énergies dans des activités aberrantes pour une population étudiante mal préparée, lancement de cours et de programmes de recherche vidés de contenu intellectuel ou pratique. À l'aube du deuxième millénaire, nous nous accrochons encore à des concepts des années soixante et soixante-dix. Invité à prononcer une allocution lors de la remise des diplômes à l'université de Harvard, le grand observateur du monde contemporain Alexandre Soljenitsyne a provoqué son auditoire en proclamant quelque chose qu'on entend rarement de nos jours : la vérité.

Le déclin du courage, a-t-il signalé, *est peut-être ce qui frappe le plus un regard étranger dans l'Occident d'aujourd'hui. Le courage civique a déserté non seulement le monde occidental dans son ensemble, mais même cha-*

cune de ses parties ainsi que, bien entendu, l'Organisation des Nations Unies. Ce déclin du courage est particulièrement sensible dans la couche dirigeante et dans la couche intellectuelle dominante, d'où l'impression que le courage a déserté la société tout entière.

[...] On constate, dans la société occidentale d'aujourd'hui, un déséquilibre entre la liberté de bien faire et la liberté de mal faire... En fait, il est exclu qu'un homme sortant de l'ordinaire, un grand homme qui voudrait prendre des mesures insolites et inattendues, puisse jamais montrer de quoi il est capable: à peine aurait-il commencé qu'on lui ferait dix crocs-en-jambe. C'est ainsi que, sous prétexte de contrôle démocratique, on assure le triomphe de la médiocrité[1].

Ce que Soljenitsyne dit au sujet de l'Occident s'applique *a fortiori* dans le cas du Québec.

Au cours des dernières décennies, l'Occident s'est caractérisé par une suppression de l'Histoire et une rupture dans la transmission des valeurs[2]. Au nom de la liberté, on a laïcisé la société, opprimant le droit de professer une religion. Surtout dans les milieux intellectuels. Au nom de la fraternité, on a nationalisé les droits des parents dans leur propre foyer. Au nom de l'égalité, on a rendu la propriété tellement absolue que les chiffres comptables déterminent l'avenir d'un village, d'une région, d'une nation, voire de continents entiers.

---

1. Alexandre Isaievitch SOLJENITSYNE. *Le déclin du courage* (discours de Harvard, juin 1978), traduit du russe par Geneviève et José Johannet, Paris, Éditions du Seuil, 1978, 55 pages.

2. En ce qui concerne le Québec, voir Simon DELAROSBIL, «Enfants de personne», *L'Analyste* 26, été 1989, p. 57 à 59.

Plus on parle des droits humains, plus on les opprime. Et inévitablement en Occident, comme ce fut le cas en Europe de l'Est, l'oppression conduit à la dégringolade économique de même que le plus visible des maux.

Ceci étant dit, il reste à expliquer la mécanique de cette déchéance. Certes, les économistes peuvent nous parler de cycles normaux, mais les raisons de notre situation actuelle sont plus profondes que les simples relations pécuniaires. Les prochaines pages présentent l'hypothèse selon laquelle les causes se situent au niveau même de nos valeurs[3]. Le rejet des valeurs fondamentales, le rejet de ce que notre mère nous a dit de faire et de ne pas faire, implique nécessairement, comme corollaire, le rejet de cette valeur que nous appelons «la richesse». Les valeurs sont solidaires, et nous ne pouvons pas prétendre en poursuivre certaines tout en abandonnant les autres. Si nous le faisons, nous perdrons la richesse.

Il est alors intéressant d'examiner l'impact de ces autres valeurs: la façon dont nous les respectons ou en abusons peut influencer cette autre valeur qu'est la richesse. Le neuvième chapitre de cet ouvrage explique qu'il y a cinq valeurs fondamentales: le pouvoir, la famille, la vie, la vérité et la richesse. Le pouvoir fera l'objet des deux prochains chapitres. Dans ce chapitre-ci, trois autres valeurs seront traitées: la famille, la vérité et la vie. Nous verrons combien elles sont méprisées de nos jours, et combien ce mépris

---

3. D'autres régions dans le monde ont aussi subi des bouleversements violents comme le nôtre, mais dans des contextes économiques et politiques différents. Par exemple, et la Catalogne et le Pays Basque en Espagne ont traversé la révolution du mi-siècle (que nous nous sommes appropriée comme la révolution tranquille) un peu plus tard que nous. Entre-temps, l'Espagne a continué à monter la pente économique à partir de la fin de la guerre civile, avec une rapidité accélérée depuis la mort de Franco et l'entrée dans la Communauté européenne. Des entrepreneurs étrangers ont envahi le marché de l'immobilier espagnol et, en général, tout le pays connaît une prospérité *crescendo*. Par conséquent, il est possible de vivre des années de lassitude morale combinée avec la prospérité. Dans le contexte québécois, la cadence des événements a été différente, et toutes nos actions commencent à porter fruit maintenant.

est néfaste pour notre économie. En somme, nous examinerons les rapports qui existent entre la richesse et ces trois autres valeurs. Nous verrons que la famille est en situation d'éclipse au Québec et que, par conséquent, la puissance économique du Québec est affaiblie. La vie est transgressée au Québec présentement et, par conséquent, la puissance économique du Québec est réduite. Parce que la vérité est souvent cachée au Québec aujourd'hui, l'économie du Québec est mal gérée.

TROIS VALEURS ET L'ÉCONOMIE QUÉBÉCOISE

1. LA FAMILLE

L'institution (du mariage) est très importante pour 92% des adultes du Canada anglais. Chiffre qui tombe à seulement 68% au Québec. Au Secrétariat à la famille du Québec, on note que le nombre de mariages a diminué de 50% depuis 1970. [...] Peut-on voir un lien entre cette attitude face au mariage et une certaine désintégration de la famille, source de la pauvreté et de problèmes sociaux, comme dans les ghettos noirs américains? [...] Chez nous, on observe un désengagement de plus en plus grand face aux responsabilités familiales. Et le gouvernement encourage le divorce en imposant une fiscalité plus lourde aux couples mariés qui ont des enfants[4]!

En théorie, la famille pourrait survivre sans mariage civil ou religieux. Mais dans la pratique, l'union de fait engendre rarement des liens familiaux stables pour toute une génération[5]. Et elle ne

---

4. Luc CHARTRAND. *L'Actualité*, janvier 1992, p. 35.

5. Dans le langage scientifique, «cohabitation is selective of men and women who are less committed to marriage and more approving of divorce». Voir William G. Axinn et Arland Thorton: «The Relationship Between Cohabitation and Divorce: Selectivity or Casual Influence?» *Demography*, vol. 29, n° 3, août 1992.

fournit pas un lieu sûr pour le développement des enfants. Si nous cessions un tout petit instant de défendre nos droits et libertés (devrais-je dire «notre licence»?) personnels, nous constaterions rapidement que le foyer québécois a été remplacé par le chauffage central: on prétend de plus en plus remplacer les soins de la famille par les services à la collectivité.

Dans le milieu des affaires, nous voyons la famille atteinte dans ses structures les plus profondes. Les heures de travail insensées, la relocalisation des employés et employées, les voyages d'affaires et les tensions accumulées dans la journée: tous ces facteurs conspirent contre la vie familiale.

Certes l'employé, homme ou femme, n'est pas toujours à l'abri de tout blâme. Combien de cadres préfèrent rester au bureau pour modifier la stratégie de vente d'un produit plutôt que de rentrer à maison pour changer des couches?

Il n'en reste pas moins, cependant, que les abus du XIXe siècle ne sont pas tous disparus. Pour citer une anecdote datant de janvier 1992, l'employé d'une entreprise américaine s'est vu refuser une promotion. Il s'agissait de la filiale montréalaise d'une multinationale figurant dans la liste prestigieuse de la revue *Fortune*, caractérisée par une longue tradition d'excellence quant à ses produits ainsi que par ses mesures compréhensives à l'égard de ses employés. La raison du refus: «Jean, tu as quatre enfants; tu ne peux travailler 70 heures par semaine!»

Nous comprenons tous la logique de ce raisonnement. Parfois, les réalités du travail impliquent un effort supplémentaire, et il n'est pas prudent de demander alors à un père de famille de trop s'absenter du foyer. D'où la décision prudente de l'entreprise en question.

Mais nous devons également comprendre que ce genre d'exigence ne doit jamais être systématique. Cette règle semble insidieusement présente dans beaucoup d'entreprises. Même quand le contenu réel du travail n'exige pas une présence constante au bureau, dans beaucoup d'entreprises, on ne peut accéder aux échelons supérieurs qu'en faisant partie de la société de soirée. Il faut qu'on vous croise dans les couloirs après 18 heures.

Analysons seulement deux des conséquences de l'éclatement de la famille.

Premièrement, l'affaiblissement de la famille au sein d'une nation donnée est relié à la croissance de problèmes socioaffectifs allant des déséquilibres caractériels jusqu'à la délinquance chez les jeunes. À tel point que l'Union soviétique du bon vieux temps a dû faire volte-face quant à ses politiques plutôt « libérales » à un certain moment, et promouvoir la famille et même le mariage pour lutter contre ces fléaux[6]. Nos voisins du Sud ont vu le nombre absolu de suicides parmi les jeunes quadrupler entre 1960 et 1990, la performance académique, mesurée par les *Scholastic Aptitude Tests*, diminuer de 10 % et la proportion des finissantes et finissants des écoles secondaires qui sont amateurs de périodiques chuter de 60 % à 45 %[7]. Enfin, une statistique frappante chez nous est le nombre de plus en plus élevé de décrocheurs scolaires.

Deuxièmement, les conséquences de l'éclatement de la famille se manifestent dans l'éducation. L'on déclare presque universellement que la formation des futurs employés, et des employés actuels, constitue un facteur indispensable de la compétitivité d'une nation. Or, il est intéressant de lire la prescription de la revue *Fortune* quant aux besoins éducatifs des États-Unis[8], ainsi que l'ambitieux programme *America 2000*, qui prétend repositionner l'école américaine dans un contexte de compétitivité globale: ses

---

6. Observé par Jean RHÉAUME, *Droits et libertés de la personne et de la famille*, Wilson & Lafleur Ltée, 1990, p. 201.

7. Kenneth LABICH. «Can Your Career Hurt Your kids?» *Fortune*, 20 mai 1991, p. 38 à 56.

8. *Ibid.*

auteurs y décrivent le collège classique purement et simplement. Au Québec, nous avons tout bonnement commis un hara-kiri à cet égard en rasant l'édifice d'un des meilleurs systèmes au monde, sous prétexte qu'il était «élitiste», pour rendre l'éducation «accessible» à tous. Or, plutôt que de le démolir, n'aurait-il pas été préférable de rendre le système accessible à tous?

Cela aurait peut-être pu se faire hier. Aujourd'hui, malheureusement, rares sont les étudiants et les étudiantes qui seraient capables de suivre le rythme d'un tel système. Pourquoi?

La réponse à cette question nous est offerte par le fameux rapport Coleman[9] sur le système d'éducation aux États-Unis. Le gouvernement fédéral américain cherchait à déterminer les facteurs qui contribuaient à la haute performance de certains élèves comparativement à la faiblesse des autres. Dans leur analyse, les chercheurs ont tenu compte de tout: l'expérience des sujets, la qualité des salles de classe, le nombre d'élèves par groupe de cours, les qualifications des professeurs, etc. Pour constater finalement qu'aucune de ces variables n'expliquait la haute performance des élèves.

En fait, l'explication se trouvait à l'extérieur de l'institution d'enseignement. L'étudiant arrive à l'école déjà doté de ses aptitudes de base et de son potentiel de succès. Et ce potentiel provient essentiellement de sa famille.

Pourquoi? Parce que l'éducation regroupe deux aspects de la formation humaine: les connaissances techniques et la formation du caractère. Or, c'est essentiellement dans l'amour que se forme le caractère, et la famille en est le bassin original. Sans caractère, il est difficile pour un individu de faire l'effort nécessaire pour acquérir les connaissances techniques.

9. James Samuel COLEMAN, Lee J. CRONBACH and Patrick SUPPES, editors. *Research for tomorrows' schools: disciplined inquiry for education*, National Academy of Education, Committee on Educational Research, New York, Macmillan, 1969. Voir aussi James Samuel COLEMAN. *Equality and achievement in education*, Bould Westview Press, 1990.

Attaquez la famille, et vous minez l'éducation d'une nation. Minez le système d'éducation d'une nation, et vous la condamnez à la pauvreté.

2. LA VIE

Les milliers de victimes d'un tremblement de terre dans le fond de la Turquie nous toucheront moins que le petit garçon du coin qui a besoin de 10 000$ pour une opération rare aux États-Unis. Nous sommes ainsi faits. Le caractère sacré de la vie *dépend aussi de la géographie, de la télévision et de la date de nos vacances. En somme, il dépend de nos perceptions*[10].

En d'autres mots, notre vie dépend des perceptions qu'ont de nous des personnes que nous croisons peut-être tous les jours, peut-être une fois dans notre vie, dans la mesure où ces personnes sont suffisamment fortes pour nous influencer, en bien ou en mal. Notre attitude face à la vie se traduit par des gestes concrets. Il faut avoir le courage de reconnaître l'attitude que nous adoptons à cet égard.

Il y a des cas extrêmes, comme celui associé, il y a quelques années, à la tablette de chocolat *Cold Buster*. Un professeur d'université avait reçu le mandat du fabricant de mesurer l'engouement que provoquait cette friandise et avait cru bon d'utiliser des rats pour donner un caractère plus scientifique à son expérience. Première constatation : les rats raffolent du chocolat. Deuxième constatation : il ne manque pas, cependant, de groupes pour veiller à la qualité de vie des animaux. Pour protester contre l'utilisation des bestioles dans la mise en marché de la *Cold Buster*, un de ces groupes a tout simplement empoisonné les tablettes de chocolat destinées à la consommation humaine. Nous vivons dans une société où certains n'ont aucun scrupule à menacer la vie humaine pour protéger la qualité de vie des rats.

---

10. Roch CÔTÉ. *Manifeste d'un salaud*, Éditions du portique, 1990, p. 196.

S'agit-il de marginaux?

Peut-être. Mais cette attitude constitue une mentalité qui accapare tous les aspects de notre vie sociale et économique. On comprendra comme moi que le droit à la vie conduit à celui d'avoir les moyens de vivre: un abri, de la nourriture, des vêtements, etc. Pas seulement une vie animale, mais une vie humaine: famille, enfants, éducation, etc. Toutefois, force est de reconnaître que ce genre de vie est de moins en moins accessible à beaucoup d'individus[11]. Certes, les plus intelligents et les plus malins parviennent toujours à vivre assez bien. Mais ce droit est-il le seul apanage des plus forts?

Oublions les marginaux de plus en plus nombreux pour considérer les gens que nous appelons «normaux». Selon le professeur en relations industrielles Thomas Kochan, du Massachusetts Institute of Technology,

> *aux États-Unis, où les licenciements de cadres dans les entreprises atteignaient encore tout récemment le nombre incroyable de 2 600 par jour, on s'attend à ce que le président-directeur général idéal soit un génie dans l'art de couper et d'éliminer. Ce qu'on dit de lui maintenant, c'est que son rôle consiste à prendre possession de son poste, à faire le ménage dans la maison et à couper les têtes de tous ses adversaires éventuels. La croyance la plus répandue est que les emplois peuvent être éliminés*

---

11. Il est évident que les problèmes du chômage et du décrochage scolaire sont des plaies ouvertes de la société et, pire encore, des problèmes d'autant plus complexes qu'ils bénéficient de la complicité d'un grand nombre de chômeurs volontaires. Dire que le chômage est volontaire ne résout pas les problèmes: ni l'individu, ni l'économie ne gagnent par cet acte de volontariat. Le droit à un emploi découle du devoir de contribuer au bien matériel de tous et de toutes et du droit à la vie. Donc, le chômage porte atteinte au droit à la vie. Mais si le suicide est criminel, le chômeur volontaire ne porte-t-il pas atteinte à sa propre vie?

en temps de récession et que les employés ne sont que des dépenses de plus, comme l'électricité et les articles de bureaux[12].

Les puissants dirigeants des grandes corporations peuvent prétendre réduire les effectifs de leur entreprise pour en améliorer la productivité. Généralement, on mesure cette productivité en fonction de la croissance d'une valeur financière, celle de de l'entreprise comme telle, mais dans les faits, on utilise des substituts, comme le flux monétaire, le revenu par action et le rendement des actions. Dans le fond, on sacrifie les droits des employés sur l'autel de critères abstraits. Beaucoup d'avocats, toujours au XIXᵉ siècle, invoqueront les droits des actionnaires. Avec cette approche, les problèmes sont multiples. Il s'agirait d'un principe sans sanction, puisque le pouvoir est entre les mains de la direction, non des actionnaires, peu importe le conseil d'administration. Or, quel est l'intérêt des actionnaires? La valeur pécuniaire maintenant, répondent les financiers, en se basant sur la valeur temporelle de l'argent.

Mais cette notion dépend d'une connaissance stochastique de l'avenir, c'est-à-dire d'une distribution statistique des scénarios, alors que notre ignorance de l'avenir dépasse les modèles mathématiques. Problème plus profond encore, de quels actionnaires parlons-nous? Car les actionnaires stables sont les institutions qui administrent les pensions de vieillesse, les portefeuilles d'investissement, etc. Donc nous sommes bien loin d'êtres concrets. Alors, les droits des employés sont moins importants que ceux de ces êtres abstraits, semble-t-il.

Le cas *Small Plant Layoff* fait référence au licenciement d'un groupe d'employés consécutif au ralentissement des activités d'une usine. L'usine était victime d'événements en amont: ses fournisseurs principaux avaient décidé de cesser de l'approvisionner pour une période indéfinie.

_____

12. Olive DAVID. «Fire at Will», *Report on Business Magazine*, Mars 1992, p. 9.

C'est seulement au moment de présenter ce cas pour la deuxième fois que j'ai constaté à quel point étaient ridicules les économies réalisées grâce aux mises à pied comparativement au coût de l'inventaire, en supposant un taux d'intérêt raisonnable. Question de justice, le financement de l'inventaire passe avant les salaires quand les fournisseurs refusent d'approvisionner. Pourquoi?

Les mises à pied, semblait-il, étaient nécessaires[13]. La compétition : voici la raison qu'on invoque souvent. Eh oui, l'entreprise doit être concurrentielle. Mais ceci n'est possible que si l'on peut compter sur la compétence de la haute direction et sur la collaboration des parties concernées. Si les employés sont les premiers trahis, il serait illusoire d'imaginer qu'ils puissent faire preuve d'initiative et de loyauté[14]!

Donc, quand elle trahit le droit à la subsistance de ses employés, la grande corporation ronge une des sources de la richesse de la nation. Évidemment, la haute direction qui ferme une usine est loin d'imaginer qu'elle se rend coupable d'un attentat contre ses ouvriers. Elle agit selon ce qui lui semble évident. «Une vie qu'on ne voit pas, qu'on ne perçoit pas, qu'on ne peut pas nommer reste assez abstraite. C'est un "Turc" quelque part. Mais si on le voyait, là devant soi, et qu'on avait à donner soi-même le coup de lame fatal, combien de nous en seraient capables[15]?»

---

13. C'est Karl Marx qui parlait de la nécessité des événements économiques. En affaires, supposément, le capitalisme s'associe au libéralisme comme champion de la liberté.
   Où est-elle, cette liberté?
   Nous l'avons sacrifiée au pied de l'autel d'un système. Les parties prenantes de l'entreprise sont toutes libres de collaborer. Mais à partir du moment où chacun et chacune s'inspire de l'égoïsme, le système devient déterministe. Le moteur de notre économie est – a été – la responsabilité individuelle, avec une charité qui commence chez soi: non pas l'égoïsme, comme le prétendait Hobbes. Si le moteur est la responsabilité, alors nous exerçons notre liberté. Si le moteur est l'égoïsme, alors le système est déterministe.

14. Voir le profil de Crawford dans le *Harvard Business Review* de janvier 1992.

15. CÔTÉ, Roch, *ibid*.

La vie, comme valeur, est menacée d'une façon encore plus subtile. La décroissance du peuple québécois est un suicide national qui se traduit concrètement par l'absence d'enfants dans les foyers. Quelles sont les conséquences de la densité de notre population? Adam Smith nous disait déjà, en 1776, ce que les individus des sociétés les plus primitives ont toujours su: la richesse dépend de l'intelligence avec laquelle on travaille et de la proportion de temps humain dédiée à un travail utile. Le travail utile déborde de la richesse: il dépasse amplement la consommation du travailleur. Conséquence pratique: une population en croissance promet la richesse. Les sommes que dépense la nation en faveur des enfants constituent le meilleur investissement qu'elle puisse réaliser.

Quelques agences parapubliques persistent à répandre la confusion quant à la contribution positive de la croissance démographique à l'essor économique d'une nation. Habituellement, il s'agit dans ce cas d'efforts visant à imposer un contrôle sur la population dans des pays en voie de développement. Par exemple, le Fonds pour activités reliées à la population de l'Organisation des Nations Unies annonce une crise alimentaire imminente dans ces pays.

Les statistiques présentées dans le même rapport signalent qu'une diminution de la production alimentaire per capita de 5 % ou plus a été enregistrée dans seulement trois des pays développés en 1986-1988, comparativement à 1979-1981. Ces pays (le Bostwana, le Nicaragua et la Guyane) représentent 0,14 % de la population mondiale. D'un autre côté, si l'on étudie la situation de 91 des pays en développement les plus peuplés (représentant 97 % de la population de ces pays), on constate qu'au cours de la même période, la production alimentaire per capita a augmenté de... 27,2 %[16].

---

16. Fernando ORREGO. «The South answers back», *Nature*, 17 octobre 1991, p. 596. L'auteur conclut: «UNFPA's report is strongly biased and deceptive, as well as technically incompetent and substandard».

Personne n'a jamais cru que le Québec était surpeuplé. Mais nous avons à peu près tous poursuivi la belle vie à la suédoise (quand les choses allaient bien en Suède) d'une population stable (c'est-à-dire stagnante) et d'une économie contrôlée et planifiée dans tous ses détails. Or, la richesse est le fruit de la nature et du travail humain, avec toute l'ingéniosité et l'effort de celui-ci. Malgré le pessimisme de Jacques Ellul[17], il semble clair que la technologie continue à accroître notre maîtrise de la Terre[18].

La population stagnante du Québec ne s'explique pas par la diffusion de cette idéologie ridicule selon laquelle un individu consomme plus qu'il ne produit. La stagnation de la population du Québec s'explique plutôt par l'abandon de la famille comme moyen d'exprimer sa sexualité. Mais peu importe les raisons, il convient de méditer: quelle serait notre position de négociation vis-à-vis d'Ottawa avec une population de 12 à 15 millions? Quelle serait la richesse de Montréal par rapport à celle de Boston ou de New York?

3. LA VÉRITÉ

Nous vivons dans un monde où abonde l'information et où les connaissances les plus variées sont disponibles pour tous. Cependant, la vérité est difficile à trouver depuis au moins l'époque où Voltaire a écrit: «Mentez, mentez: il en restera toujours quelque chose».

Des légions d'apôtres tonitruants propagent la nouvelle Vérité: il n'existe aucune vérité. Mais ce dogme puéril ne constitue pas une grande menace pour cette valeur qu'est la vérité. Le véritable danger réside dans les idéologies et leur petites cousines, les pensées à la mode:

---

17. Pessimisme qui se manifeste dans toutes ses œuvres, mais voir: *Le Bluff technologique*, Hachette.

18. Julian SIMON. *L'Homme, notre dernière chance*, Presses universitaires de France, 1985.

L'Occident, qui ne possède pas de censure, opère pourtant une sélection pointilleuse en séparant les (idées) à la mode de celles qui ne le sont pas. Bien que ces dernières ne tombent sous le coup d'aucune interdiction, elles ne peuvent s'exprimer vraiment ni dans la presse périodique, ni par le livre, ni par l'enseignement universitaire. L'esprit de vos chercheurs est bien libre, juridiquement, mais il est investi de tous côtés par la mode. [...] C'est ainsi que les préjugés s'enracinent dans les masses, c'est ainsi qu'un pays devient aveugle, infirmité si dangereuse en notre siècle dynamique[19].

Un exemple d'idéologie répandue aujourd'hui : l'écologisme radical. Un exemple de pensée à la mode : le discours *politically correct*. Les meilleures armes contre ces menaces sont le savoir et le journalisme professionnel. Les pires collaborateurs de ces mouvements sont l'ignorance et le journalisme incompétent.

Nous avons mesuré tout récemment, en 1991, le pouvoir du mensonge avec la publicité diffusée par le *New York Times* concernant le projet Grande Baleine. Dans ce cas précis, les facteurs économiques ont été probablement aussi importants que les arguments écologiques. Mais, quand on perd contact avec la vérité, c'est l'opinion qui devient Dieu : voici la faillite de nos politiciens, qui ont perdu toute crédibilité aux yeux des citoyens. Leurs décisions, leurs actions et leurs gestes font partie d'une danse macabre qui semble avoir peu d'intérêt pour le citoyen moyen, malgré l'historicité des débats actuels, comme le statut du Québec.

Nous trouvons un exemple dramatique du rôle du mensonge dans notre vie dans les campagnes réalisées récemment par quelques groupes de pression et organisations charitables, et par des agences de tous les paliers gouvernementaux (municipaux, provinciaux et fédéral) pour promouvoir l'utilisation du condom. Non pas que les personnes œuvrant dans ces organismes soient menteuses :

---

19. SOLJENITSYNE, *op. cit.*, p. 31-32.

on peut croire qu'elles ont les meilleures intentions. Mais il y a sûrement quelqu'un de malhonnête quelque part si l'on enseigne l'utilisation du condom à des enfants de dix ans. On prétend empêcher la propagation du sida alors qu'en réalité, on encourage la promiscuité qui favorise cette propagation. Il y a 35 ans, on nous pressait d'adopter des moyens chimiques de contraception, sous prétexte que le condom était plus ou moins efficace. En effet, de 8 à 10 % des femmes dont le ou les partenaires recourent au condom se retrouvent enceintes à la fin d'une année d'utilisation. En 1993, les scientifiques nous apprenaient que 29 condoms de latex sur 89 mis à l'épreuve avaient laissé filtrer des particules du VIH, c'est-à-dire qu'ils avaient permis la transmission du sida à chaque utilisation[20]. Cela n'a rien de surprenant quand on songe qu'un pore de condom mesure de 5 à 55 microns et le VIH, 0,1 micron ! Si le condom est plus ou moins efficace comme contraceptif, comment va-t-il empêcher la transmission du sida ? Statistiquement, il peut réduire le taux de transmission par rapport sexuel, mais comme les campagnes en sa faveur font grimper la fréquence des rapports sexuels...

Par contre, personne (enseignant, gouvernant, parent) n'explique ce qu'est véritablement une «relation sexuelle sans danger». On transmet le sida comme on administre des médicaments. Si c'est urgent, on le fait par injection. Si on est un peu pressé mais qu'on ne dispose pas de seringue, on prend un suppositoire. Par contre, si on a tout le temps devant soi, alors, on peut tout prendre par voie orale. Or, le vagin est doté d'une membrane dont le rôle est de filtrer les matières qui pourraient passer dans la circulation générale de l'organisme féminin. Nous comprenons alors que les comportements associés à la diffusion du sida dans une société soient associés aux trois voies «royales» que sont la seringue, l'anus et la bouche.

---

20. S.J. GENIUS et S.K. GENIUS. «The dilemma of adolescent sexuality, Part I : the onslaught of sexually transmitted diseases», *Journal of the Society of* ⌐C, Vol. 16, n° 5, juin 1993.

Les statistiques semblent assez claires, malgré certains groupes de pression qui réclament massivement des fonds de recherche et de développement, puisqu'à leur avis, monsieur et madame Tout-le-monde seraient menacés: le taux de contagion est de loin plus élevé parmi les sodomisés que parmi les sodomisants. Voilà une psychose causée par la désinformation. Et voici l'éclosion d'une industrie de technologie très modeste, de produits à peu près tous semblables, dont la promotion est payée avec nos impôts.

Mais le mensonge et la désinformation ne sont pas le monopole des gouvernements et des organisations sans but lucratif (OSBL). Le milieu des affaires est tout aussi atteint. Les modes atteignent la pensée, et les «belles expressions à la mode» font une mascarade qui complique ce qui doit être simple et qui rend rocambolesque ce qui doit être un projet sérieux: la genèse de la richesse. Regardons les belles expressions les plus récentes: qualité totale, poursuite de l'excellence, *downsizing*. Chacune correspond à un concept valable. Mais combien de fois sont-elles invoquées pour masquer une justice travestie!

Voici une anecdote: un groupe d'étudiantes de l'Université du Québec à Montréal, employées d'une grande entreprise montréalaise, ont présenté un rapport sur la qualité totale dans leur organisation. Leur professeur s'est scandalisé du fait qu'elles avaient innocemment démontré comment leur patron prétendait extirper toute tolérance pour l'erreur humaine.

Voici une autre anecdote, racontée celle-ci par un cadre inférieur pour qui le *downsizing* se traduit par un fardeau de responsabilités deux fois plus lourd que par le passé. Résultat? Du travail qui n'est jamais fait, des décisions qui ne sont pas prises, des informations qui ne sont jamais partagées. La femme de ce cadre travaille dans une entreprise québécoise de taille moyenne. Elle fait le travail de trois personnes. Je me corrige: elle est censée réaliser les tâches que trois personnes accomplissaient auparavant.

En théorie, tout travail qui n'est pas fait n'est pas nécessaire. Mais en pratique, ne serait-ce pas plutôt que les initiateurs de ces changements ne sont pas toujours compétents?

L'expérience du marketing enseigne qu'il est plus facile de vendre une chose tangible qu'un service et qu'on peut faire accepter plus aisément une réduction des coûts qu'une augmentation des revenus. C'est ce genre de myopie qui amène des femmes et des hommes intelligents à croire que les employés de leur entreprise représentent avant tout un déboursement.

Donc, les pensées à la mode cachent parfois la vérité et conduisent à l'affaiblissement productif des corporations.

Il ne faudrait pas croire que les employés subalternes sont innocents pour autant! En effet, d'importants problèmes éthiques vécus dans la gestion des corporations proviennent des employés[21]. Le syndrome *Move it!* en est un exemple éloquent. Chaque fois qu'un supérieur dit «Grouille-toi!» il risque de faire face à un employé dont le réflexe sera de falsifier les résultats[22].

Le cri «Grouille-toi!» peut être implicite, comme dans le cas du jeune aspirant aux échelons supérieurs qui fait tout pour obtenir des résultats à court terme. Il sait bien que son successeur devra payer la facture lorsqu'il aura obtenu sa promotion. C'est ainsi, par

---

21. Voici ce qu'on peut lire dans une note de service adressée par le vice-président aux Finances d'une grande corporation américaine à tous les gestionnaires de son entreprise, le 25 novembre 1991: «[...] should serve us as reminders that pressures for improved financial results can lead good people into ill-considered actions. In [l'entreprise] we keep the pressure on, as we should, to improve our financial performance. But reported performance must be real performance. [...] There are occasions when enough is enough and you have to say NO».

22. Barbara Ley TOFFLER. «When the Signal is «Move it or Lose it», *New York Times*, 17 novembre 1991.

exemple, qu'une usine acculée à la ruine peut en arriver à un rendement spectaculaire de ses actifs:

Pour les gestionnaires, un bon moyen d'accroître le rendement de leurs actifs consiste à réduire ces derniers tout en augmentant les ventes. Habituellement, il feront tout en leur pouvoir pour maintenir les dépenses à la baisse de façon à réduire les actifs à la fin d'un trimestre ou spécialement à la fin de l'année fiscale. Ils y parviennent généralement en reportant le plus longtemps possible les dépenses en capital, c'est-à-dire tout ce qui pourrait se traduire par des investissements innovateurs. Cette pratique est appelée «affamer une usine» lorsqu'elle est limitée à une courte période et «traire une usine» quand elle dure longtemps[23].

La ligne entre une gestion serrée des actifs et la fraude réside dans l'intention de fournir des indicateurs d'une performance brillante en dépit d'une gestion peu innovatrice. Le gestionnaire d'une entreprise qui a recours à la stratégie du *Milking* ou du *Starving* fait une fausse représentation de ses résultats. Quand ce comportement devient endémique, c'est-dire quand «tout le monde le fait», la gestion stratégique de l'entreprise s'éloigne de la réalité, puisqu'elle est basée sur des données de plus en plus illusoires.

Il est évident que les résultats frauduleux, ainsi que la mobilisation d'employés motivés uniquement par de belles phrases à la mode coûtent cher à nos corporations et, partant, à notre société en général. Mais nous nous épargnerions ces faux pas si nous respections tous et toutes la vérité.

ÉPILOGUE

Nous avons examiné trois valeurs et leur relation avec la richesse du Québec. L'éclatement de la famille nous enlève une

---

23. Robert JACKALL. *Moral Mazes*, Oxford University Press, 1988, p. 91.

force de main-d'œuvre qualifiée et enthousiaste. Le mépris de la vie conduit au mépris du droit à la subsistance et au favoritisme des droits de certaines parties prenantes avant ceux des employés. Cette injustice est potentiellement génératrice de conflits qui, par le passé, ont été exploités par des mouvements d'inspiration marxiste. Il reste à voir qui va les exploiter aujourd'hui. L'abandon de la vérité comme norme de toute action provoque des abus tant de la part des dirigeants que des cadres inférieurs et, dans les deux cas, conduit à la réduction de la puissance économique de l'entreprise. Alors, dans les trois exemples que nous avons soulevés, l'abandon de nos valeurs fondamentales est nécessairement accompagné par l'affaiblissement de notre capacité de générer la richesse.

Admis au barreau du Québec en 1956, **Claude Béland** pratique le droit en cabinet privé avec spécialisation en droit commercial et en droit des coopératives. Il devient le directeur général de la Fédération des caisses d'économie du Québec en 1979 et en réalise l'affiliation au Mouvement des caisses Desjardins la même année. En février 1986, il est nommé adjoint exécutif au président du Mouvement et, moins d'un an plus tard, est lui-même élu à la présidence. En janvier 1994, il est réélu pour un nouveau mandat de trois ans.

Claude Béland participe activement à la vie de la société québécoise. Il est notamment président du conseil d'administration du Conseil de coopération du Québec, président du conseil d'administration de l'Université Laval, président de la Corporation professionnelle des administrateurs agréés du Québec et administrateur de la Caisse de dépôt et placement du Québec. Il a inspiré la création du Forum pour l'emploi, de la Société de promotion Qualité-Québec et du Fonds de soutien aux jeunes sans-abri du Québec. Reçu officier de l'Ordre national du Québec en 1991 et décoré de l'Ordre des Francophones d'Amérique en 1990, il est détenteur d'un doctorat *honoris causa* de la faculté des Sciences sociales de l'Université Laval (1988), de l'Université du Québec à Montréal

B I O G R A P H I E

(septembre 1993) et de l'Université Jean Moulin à Lyon, en France (décembre 1993). Il est aussi récipiendaire du prix Excell Award décerné par l'Association internationale des professionnels en communication (juin 1994).

BIOGRAPHIE

LA SOLIDARITÉ[1]

CLAUDE BÉLAND

LA GENÈSE DES VALEURS D'UNE SOCIÉTÉ

Les valeurs d'une société résultent, nécessairement, de valeurs individuelles. On ne peut en effet bâtir une société juste à partir d'individus injustes.

La société est à l'image de ses familles parce que la première société est évidemment la famille. Où fait-on l'apprentissage à l'être social? C'est évidemment dans la famille où l'on apprend à vivre avec les autres. On y découvre les valeurs de responsabilité (on est responsable de ses frères, de ses sœurs et jusqu'à un certain point de ses parents, et vice-versa), une responsabilité qui n'est pas simplement à sens unique, mais à double sens. C'est ainsi que la famille est vraiment la première cellule où l'on fait l'apprentissage des valeurs.

Un des principes éthiques essentiels à l'essor de la société est la **solidarité.** Lorsque les gens travaillent ensemble à leur mieux-être commun, ils font apparaître toute lutte pour un étroit bien-être individuel comme un égoïsme enfantin.

Le fait de naître dans une famille nombreuse est peut-être la meilleure chance d'apprendre la solidarité. Dans une telle famille, chaque individu doit mettre la main à la pâte. Finalement, on réalise que c'est ainsi que chacun devient plus heureux et qu'en travaillant ensemble au bien-être de tous, chacun s'en trouve mieux individuellement. Ce n'est donc pas naïf de travailler au bien-être

---

1. Ce chapitre est basé sur une conversation avec M. Claude Béland qui a eu lieu le 15 avril 1994. Dr. Macdonald est responsable de toute imprécision dans le texte.

commun; ce n'est même pas de l'altruisme. Il en va de même dans les organisations et les entreprises. La meilleure entreprise est celle où la valeur première est l'adhésion au projet commun par tous ceux et celles qui y œuvrent.

Alors, quand la famille ne va pas, quand la famille n'a plus de permanence, quand la famille n'inspire plus la solidarité et qu'elle devient un assemblage d'individualités, on se retrouve aussi avec une société qui se désolidarise.

Or, au Québec, la famille a changé. On assiste à une influence très grande de l'individualisme qui se manifeste, par exemple, dans la façon dont nous transigeons avec nos aînés. Malgré la capacité financière des familles, on n'hésite pas à confier aux soins et aux frais de l'État les aînés qui ne sont plus autonomes. Le système est ainsi fait et chacun croit qu'il a le droit de faire «sa» vie. Cet exemple démontre que lorsque l'État devient trop un État providence, lorsqu'il assume les obligations des citoyens et des citoyennes, ceux-ci en viennent à croire qu'ils n'ont que des droits. Et la responsabilité s'effrite.

L'ATROPHIE DES VALEURS

L'État qui assume la responsabilité de la solidarité déresponsabilise ses citoyens et ses citoyennes. Sans État, le citoyen est laissé à lui-même et il n'a pas le choix d'assumer toutes ses obligations pour protéger ses droits. C'est ce que j'appelle une société «vivante et consciente». Mais lorsque le gouvernement, pour se mériter la confiance des électeurs et des électrices, promet d'assumer certaines obligations des gens, la surenchère d'une élection à l'autre libère de plus en plus les citoyens et les citoyennes de leurs responsabilités. Il en résulte que ces derniers en viennent à croire qu'ils n'ont que des droits: ils réclament de plus en plus, consentent même à tricher pour obtenir ce qu'ils pensent être leur dû, d'autant plus que l'État devient lointain et anonyme. Devant la tricherie, l'État réplique, augmente la réglementation et les taxes. On assiste alors au développement d'une économie parallèle. D'une part, les gens crient au scandale parce que l'État songe à imposer des tickets modérateurs pour l'achat de certains médicaments ou pour certains soins de santé, mais lorsqu'il faut soi-même payer ses taxes, on préfère payer «comptant et sous la table»... pour éviter de donner des revenus au gouvernement! Il y a là une incohérence aberrante. C'est le signe d'une déresponsabilisation des gens: ils ne sentent plus qu'ils font partie d'une société; ils agissent comme si le gouvernement était un appareil étranger, comme si ce n'était pas «leur» gouvernement, «leur» affaire.

D'ailleurs, la globalisation actuelle des échanges et des marchés n'est pas étrangère à la perte de contrôle des individus sur ce qui les entoure. Quand les gens vivaient dans des marchés locaux, plus fermés et protégés, ils avaient prise sur le fonctionnement de leur petit milieu; ils comprenaient les enjeux et percevaient le sens et les effets de leurs propres actions quotidiennes. De la même façon, les propriétaires d'entreprises étaient connus des gens du milieu et une certaine complicité se créait entre eux. Les entreprises faisaient travailler les gens du milieu et ceux-ci achetaient des produits de l'entreprise pour qu'elle continue à bien fonctionner et à progresser... Mais, aujourd'hui, les grandes entreprises n'ont plus d'identité et ont moins de responsabilités vis-à-vis du milieu: les propriétaires sont la plupart du temps inconnus (l'actionnariat est souvent étranger, et peut même provenir de plusieurs pays différents...). Et lorsque les propriétaires des entreprises prennent des décisions, c'est principalement en fonction du rendement aux actionnaires et non pas en fonction du développement d'un milieu. On choisit de placer une usine à un endroit parce que ce sera utile pour un temps, et non pas pour faire du développement durable dans ce milieu! Quand des propriétaires étrangers décident, de leur siège social lointain, de fermer une usine, ils ne subissent pas de pression des gens du milieu. Par contre, lorsqu'une entreprise est locale, prise en charge par les gens — qui en mesurent toute l'importance pour leur milieu — la réaction à une fermeture est tout à fait différente. Par exemple, si je tente de fermer une caisse populaire dans un milieu, je ne réussirai pas si les gens du milieu ont décidé de la maintenir bien ouverte: ils prendront les moyens de la faire vivre et progresser. Pas étonnant qu'on retrouve ainsi des caisses qui sont la seule institution financière dans 650 municipalités au Québec. C'est tout simplement parce que les gens eux-mêmes veulent une caisse, qu'ils la supportent et la font vivre... C'est pour cette raison que j'aime beaucoup la formule coopérative: les clients ou les usagers sont en même temps les propriétaires de leurs institutions ou de leurs entreprises; ainsi, les gens se responsabilisent et se donnent à elles-mêmes et à eux-mêmes les institutions dont ils ont besoin pour vivre là où ils veulent vivre. Prenez l'exemple de Sacré-Cœur du Saguenay, là où les propriétaires ont décidé de fermer un moulin à papier. Les gens, connaissant l'importance de cette usine pour leur milieu, ont pris l'affaire en main, ont décidé de la reprendre et de la faire fonctionner.

Sans cette prise en charge, on risque de déresponsabiliser les gens. La société devient anonyme. L'économie, l'éducation, la législation, tout devient extérieur à soi-même, comme un objet d'observation.

J'ai en tête un bel exemple pour illustrer ce que je veux vous dire. Vous connaissez le Forum pour l'emploi, une table de concertation créée pour amener les principaux partenaires socioéconomiques à trouver des solutions au problème du chômage. Autour de cette table, on a réussi à réunir des gens actifs dans notre société: les chefs des centrales syndicales, les chefs des associations patronales, les recteurs des universités, les représentants des municipalités, des collèges, des associations de femmes, de jeunes, etc... Une brochette de gens qui agissent dans notre société. À la première réunion, on m'a proposé comme président de ce comité. Ne sachant trop comment amorcer nos discussions, j'ai pensé à une question simple: «Vous sentez-vous responsables de l'emploi?» Les patrons ont rapidement répondu que leur responsabilité n'était pas la création d'emplois mais plutôt le paiement de bons dividendes à leurs actionnaires; les chefs syndicaux ont pour leur part rappelé que leur responsabilité était la sécurité d'emploi et non la création d'emplois, tandis que les recteurs voyaient leur responsabilité dans la formation des gens dans la discipline de leur choix, sans garantie d'emploi, etc... À la fin du tour de table, où aucun n'avait reconnu avoir la responsabilité de l'emploi, quelqu'un fit la remarque qu'à cette table, on ne retrouvait aucun représentant des gouvernements : soulagés, nous venions de trouver les coupables ! Mais pas pour longtemps... Après avoir fait ce constat, nous nous sommes tous regardés, en nous disant : «Au fond, nous sommes ridicules ! Nous sommes réunis ici pour trouver des solutions au problème du sous-emploi et nous nous satisfaisons de trouver...des coupables !» Nous prenions aussi conscience que les gouvernements eux-mêmes ne pouvaient régler cette question de l'emploi si nous tous et toutes, les représentants des principaux partenaires socioéconomiques, refusions d'assumer une certaine responsabilité à cet égard.

Cet événement démontre comment, dans une société construite sur la lutte pour la vie, chacun se cloisonne dans son petit secteur d'activités et finit, en se repliant constamment sur lui-même, en se repliant dans son champ d'activités, à ne plus voir le grand horizon, à ne plus voir le projet d'ensemble. On perd toute vision d'ensemble. On en vient à croire que la somme de toutes les réussites individuelles finira par donner un résultat global positif : mais c'est une utopie, c'est naïf. C'est comme lancer en l'air les morceaux d'un casse-tête et croire qu'ils vont tous retomber à la bonne place.

Alors, la démarche entreprise par le Forum pour l'emploi — et qui n'est pas terminée puisqu'elle requiert beaucoup de temps — est une démarche qui tend à faire réaliser que malgré leurs intérêts individuels, les intérêts du financier, de l'universitaire, du syndicaliste, de l'employé ou de l'employeur convergent et qu'il faut travailler ensemble à la réalisation d'un projet commun.

L'ENTREPRISE ET LES VALEURS

Dans les entreprises, les valeurs tournées vers l'extérieur visent le mieux-être de la clientèle et le mieux-être de tous et de toutes. Il y a aussi les valeurs internes, c'est-à-dire les valeurs mêmes de l'entreprise. Toutes ces valeurs donnent une identité à l'entreprise.

Mais les valeurs ne sont pas toutes du même ordre. Il y a les valeurs que j'appelle de «finalité», c'est-à-dire celles qui répondent à la question: pourquoi l'entreprise existe-t-elle? Viennent ensuite les valeurs de fonctionnement qui répondent à la question: quelles sont les règles que nous appliquons pour respecter les valeurs de finalité? Finalement, il y a les valeurs de gestion qui répondent à différentes questions: comment traitons-nous nos employés? Quelles valeurs guident l'échelle des salaires, etc.

Par exemple, dans le Mouvement Desjardins, la raison d'être du Mouvement ou la flamme initiale que M. Desjardins a allumée pour donner naissance à cette organisation, consistait à regrouper les épargnes et les intelligences des gens d'une paroisse pour qu'ils puissent se redonner une certaine dignité et s'accorder les moyens de vivre là où ils voulaient vivre. M. Desjardins a été bénévole dans le Mouvement et ce n'est pas la recherche de la richesse personnelle qui l'a motivé. Il n'a jamais fait un seul sou par le truchement du Mouvement qu'il a créé. À l'époque, la situation économique du Québec n'était pas très reluisante; le but que M. Desjardins poursuivait était noble, généreux, orienté vers les gens. Ses efforts ont résulté en un bien-être économique collectif, très créateur d'emplois. Si, au contraire, M. Desjardins avait essayé de fonder une grande banque qui aurait été la propriété de quelques actionnaires recherchant leur enrichissement individuel, cette banque n'existerait probablement plus aujourd'hui. Ce qui a maintenu ce grand Mouvement reconnu comme une réussite extraordinaire, ce sont vraiment des valeurs de finalité claires, des valeurs humaines et non pas des valeurs d'affaires; des valeurs tournées vers les autres, tournées vers les gens. Le Mouvement s'est fondé sur l'affirmation: «On est à votre service!» D'ailleurs, il en va de même pour la société. Le Québec a toujours mieux progressé lorsqu'il s'est laissé porter par ces valeurs de solidarité et de responsabilité. Ce sont ces valeurs qui ont permis au peuple québécois de survivre et de reprendre sa place sur son territoire.

D'ailleurs, au moment de la fondation du Mouvement Desjardins, quelles étaient les valeurs prédominantes dans notre société? La valeur de solidarité était partout présente et s'exprimait par une appartenance très forte à la famille, à la paroisse, au village, à l'Église. Cette solidarité a permis de faire un grand bout de chemin, qui a mené à ce qu'on a appelé la «révolution tranquille». Parce que les Québécoises et les Québécois avaient ainsi réussi à reprendre leur place jusqu'à un certain point, ils ont entrepris ensemble d'aller plus loin. Ils ont fait des pas extraordinaires dans les domaines de l'éducation, de la santé et des affaires. On a vu apparaître de nombreux entrepreneurs québécois. Encouragés par ces nouvelles réussites, les Québécois, je le crains, en sont venus à croire qu'ils avaient peut-être moins besoin des autres et qu'ils pouvaient réussir seuls, comme individus. Il ne s'agit pas de critiquer la révolution tranquille: elle s'imposait. Mais peut-être en avons-nous abusé, un peu, avec la conséquence que les valeurs individualistes sont devenues très à la mode. Voyez le résultat: la famille s'est effritée, la paroisse, mon Dieu, n'existe presque plus, les jeunes ont déserté leurs villages... Au fur et à mesure que les valeurs de solidarité ont été remplacées par des valeurs plus individualistes, les institutions qui ont permis aux gens du Québec de se développer et de reprendre leur place, de résister, ont perdu leur raison d'être; elles se trouvent aujourd'hui menacées. Le défi des Québécois, s'ils veulent survivre, est très grand. Il n'est pas facile pour une population de 7 millions de personnes, entourée de 250 millions de gens qui se distinguent d'elle, de survivre et de progresser dans sa culture et son identité. Pourtant les Québécois, jusqu'à maintenant, ont réussi grâce à leur solidarité. L'individualisme pour un tel peuple n'est pas une solution...

Selon moi, on n'a pas le choix: il faut remettre la solidarité à l'ordre du jour, une solidarité entre tous ceux et celles qui choisissent le Québec pour y vivre. C'est le temps d'avoir un projet commun et non pas une somme de projets individuels. C'est là, à mon avis, le message essentiel.

Quand les Québécoises et les Québécois ont décidé d'agir ensemble, ils ont réussi à rétablir leur système d'éducation, à bâtir un système de santé généreux, un système de sécurité du revenu. La Caisse de dépôt et de placement du Québec, par exemple, est une réussite exceptionnelle et j'allais dire, unique. Ce sont là des choses que nous avons réalisées ensemble.

Le Mouvement Desjardins est un autre excellent exemple de réussite unique, qui fait l'envie des étrangers. Ou, encore, les succès du mouvement coopératif, particulièrement dans le domaine agricole. La Coopérative fédérée, Agropur, et combien d'autres, sont des réussites remarquables. Nous avons là non seulement des entreprises démocratiques appartenant collectivement à leurs membres, mais aussi des entreprises durables, inaliénables, des «noyaux durs» dont le Québec a grandement besoin. Des entreprises qui durent, contrairement aux entreprises à propriétaire unique ou aux entreprises familiales qui, par la force des choses, n'ont pas, selon les statistiques et dans une très forte proportion, une durée qui dépasse deux générations! Par contre, le Mouvement Desjardins a 94 ans, les coopératives agricoles sont centenaires, etc.

RATIONALITÉ, ÉCONOMISME ET ÉCOLOGIE HUMAINE

Revenons à cette source de la vie qu'est la famille. Les parents ont la responsabilité d'organiser la vie familiale, tout en ayant aussi une vie bien à eux. C'est là la finalité de la famille. C'est ce qui devrait primer. Mais pour y arriver, il faut des moyens (valeurs des moyens) et, malheureusement trop souvent, les moyens apparaissent plus importants que la finalité même. Dans un tel cas, inévitablement, les parents en viennent à penser que la première valeur est la réussite financière, le revenu, les possessions. La vie professionnelle devient plus importante que la vie familiale. Tout se déroule en fonction de l'économie, du rendement à court terme. Alors, on se conduit comme si on vivait d'abord dans des économies et non pas dans une société! L'économie devient la valeur première; on se dit: si on a les moyens, on aura la fin! Le fait que l'économie devienne la valeur première crée «l'économisme», une déviation qui privilégie le moyen au détriment de la fin.

Les parents se donnent rapidement bonne conscience lorsqu'ils vivent principalement dans «une économie» plutôt que dans une société. Petit exemple: le frigo est plein, tout est congelé, les repas sont prêts pour une semaine d'avance; c'est le bonheur total... même si chacun mange seul, sur le coin de la table, dans une maison vide, après avoir décongelé le repas sous la chaleur du micro-ondes. Mais de chaleur familiale, humaine: connais pas! C'est la cafétéria. Et si c'est comme cela que doit être la vie moderne, puisque les couples veulent d'abord accomplir leur vie professionnelle, il faudra bien réinventer une famille où les exigences de la vie professionnelle et celles de la satisfaction individuelle ne viendront pas trop contrecarrer ce qui m'apparaît fondamental, c'est-à-dire la cellule même de notre société. Ce ne sont pas les bureaux de professionnels ou les commerces qui forment les sociétés: ce sont là des **moyens** de construire une société, et non pas la **finalité** du projet social.

D'ailleurs, il est aberrant de constater combien les moyens se substituent rapidement à la finalité. Il est aussi aberrant que tout soit actuellement axé sur l'économie. C'est comme si on ne pouvait plus s'en sortir. Par exemple, lorsqu'il faut «rationaliser» dans les entreprises, la solution évidente est de congédier du personnel! La difficulté, avec cette solution, c'est que ce n'est pas une solution! C'est une solution à courte vue pour l'entreprise elle-même, mais on oublie que cette entreprise vit dans une société qui a besoin de gens capables de la soutenir et de l'encourager. Alors, on congédie, on crée du chômage... en se disant que l'«autre», le gouvernement, devra s'en occuper. Si telle est la règle, le problème sera immense: avec tous les moyens de production extrêmement performants qu'on connaît aujourd'hui, il faudra certainement que la société fasse un bon examen de conscience avant de parvenir, ensemble, à sortir de l'impasse.

Curieusement, ce comportement est étiqueté «rationnel»! Pourtant, il est tout... sauf rationnel. Mais ce comportement est justifié par les règles économiques, dit-on. Et aujourd'hui, on ajoute à cela qu'à cause de la «mondialisation des marchés», il faut désormais vivre selon des standards internationaux. Comme si nous devenions incapables de nous dire : «Ici, au Québec, on va se donner un projet différent, fait pour les gens qui veulent vivre ici».

Le défi, la prochaine grande vague qu'il faudrait soulever, serait de faire réaliser aux gens l'importance de l'écologie humaine. Leur rappeler que l'économie est un moyen, pas une fin. Que l'économisme est une maladie, pas un progrès. La finalité, c'est d'assurer le mieux-être des gens dans le milieu où ils veulent vivre, à travers les institutions qui se rapprochent le plus de l'humain, comme la famille.

S'il est vrai que la mondialisation des marchés nous oblige à une plus grande productivité, c'est en vue de la création d'une plus grande richesse. Mais créer de la richesse ne veut rien dire si elle n'est pas partagée. La mondialisation est donc inutile si elle conduit à un partage encore plus inégal de la richesse. Si tel est le cas, il faut conclure que quelque chose ne va pas. Pourquoi alors parler d'un marché global et de l'ouverture des frontières? Qui veut de marchés encore plus grands qui résultent en un plus grand nombre de perdants, au lieu de faire de tous et toutes des gagnants? Cette façon de voir — qui provient du système de la lutte pour la vie — est strictement «affairiste». Dans la mentalité de plusieurs, les gens d'affaires à succès sont ceux et celles qui sortent gagnants d'une transaction. Aujourd'hui, faut-il que ce soient des nations qui sortent gagnantes par rapport aux autres? Faut-il que, par la mondialisation des marchés, une partie du monde s'enrichisse aux dépens de l'autre? Pourtant, en ce faisant, on n'a rien réglé et on se retrouve devant le problème du partage de la richesse, non pas entre gens d'un même milieu, mais entre gens habitant des pays différents.

Il faut se préoccuper d'écologie humaine. Aujourd'hui, on ne tolère plus qu'une entreprise soit polluante: des lois sont en place pour intervenir en cas d'abus. Il a fallu des lois pour développer la conscience sur ce sujet et, maintenant, lorsque des banquiers font des prêts ou des investissements, ils doivent prendre la précaution de vérifier l'aspect environnemental pour s'assurer que l'emprunteur n'aura pas de problèmes de ce côté. Déjà, les entreprises se voient contraintes de concilier l'économie et l'environnement, même si cela comporte des conséquences financières et économiques. Aujourd'hui on impose aux grandes usines des normes et des responsabilités quant à la disposition de leurs déchets et cela, même si c'est très lourd sur le plan financier. On a là un exemple d'un certain progrès où déjà la question environnementale a apporté un message clair: il n'y a pas seulement l'économie qui compte, l'environnement est aussi prioritaire.

Alors, pourquoi en serait-il autrement lorsqu'il s'agit de l'écologie humaine?

LA GESTION ET L'ÉCOLOGIE HUMAINE

Des gestes concrets dans l'administration interne d'une entreprise peuvent avoir un impact positif quant à l'écologie humaine. Je prends encore comme exemple le Mouvement des caisses Desjardins. Il y a quelque temps, tout le monde parlait du problème de la dénatalité et je me disais: «Qu'est-ce que je peux faire, moi, comme employeur? Je ne peux tout de même pas faire des enfants...» Alors m'est venue l'idée de demander à mes employés et employées de me dire en quoi ils avaient des difficultés à concilier leur vie professionnelle et leur vie familiale. J'ai obtenu près de 400 réponses provenant des 2 000 employés de la Confédération des caisses. J'ai alors organisé deux réunions (200 employés chaque fois) pour entendre les commentaires du personnel. Or, je n'ai rien entendu de majeur; seulement des choses simples. Par exemple, une employée m'a dit: «Ma garderie ouvre à 9 heures, mais mon patron m'oblige à entrer au bureau à 8 h 30. Alors, je suis obligée d'aller conduire mes deux enfants chez une voisine de la garderie qui les garde jusqu'à 9 heures!... C'est compliqué. Je ne pense pas avoir d'autres enfants...» Je me suis dit: «C'est incroyable! Il me semble qu'il serait si simple de lui permettre d'entrer au bureau à 9 h 15 ou 9 h 30...» Alors, j'ai avisé les cadres qu'à l'avenir, lorsque viendrait le temps de leur évaluation, on tiendrait compte des efforts qu'ils auraient faits pour faciliter la conciliation de la vie professionnelle et familiale de leurs employés. Des efforts ont effectivement été faits... et, depuis, il m'arrive de recevoir des lettres d'employés m'écrivant: «Grâce à la nouvelle souplesse dans la gestion du personnel, j'ai le plaisir de vous annoncer que nous aurons un 2e ou un 3e enfant!

Une politique nuisible sur le plan des affaires? Pas du tout! Au contraire. J'ai trouvé chez les employés et employées ainsi que chez les cadres une motivation nouvelle et de plus, ils réussissent à faire le même travail... en moins de temps! Des employés entrent au bureau le samedi en disant: «J'ai été obligé d'aller chez le dentiste avec mon fils, cette semaine; je viens terminer mon travail...» En fait, on a institué une forme d'horaire variable — sans le dire — laissant aux employés le soin d'être responsables vis-à-vis de leur famille... et de leur travail.

Autrement dit, il ne faut pas que la vie familiale empêche celui qui a une vie professionnelle d'être aussi performant que les autres. Ainsi, comme l'environnement qui doit être aussi prioritaire que l'économie, il faut en venir à considérer la vie familiale comme étant aussi prioritaire que la vie économique.

En fait, le légalisme, la réglementation, les normes, les punitions, les amendes, tout cela est nécessaire lorsque les gens ont perdu le sens des responsabilités. Le peuple japonais est reconnu pour être un peuple responsable; il est branché sur un projet commun clair soit, à l'origine, celui de rebâtir un pays détruit par la guerre et, aujourd'hui, celui de créer suffisamment de richesse pour permettre à tous les Japonais de vivre convenablement. Or, c'est au Japon que le ratio population-avocats apparaît le plus faible. Quand le projet de société est clair et que les enjeux sont connus, les gens règlent leurs problèmes entre eux et n'ont pas besoin d'avocats. Quand un projet d'entreprise est clair et que tous et toutes y adhèrent, les gens connaissent leurs responsabilités : personne n'a pas besoin de leur dire à quelle heure ils doivent faire telle chose et de quelle manière ils doivent la faire.

Dans une société, cette responsabilité doit même atteindre le citoyen comme consommateur. Un sondage réalisé dernièrement au Japon démontrait que 90 % des consommateurs interrogés disaient que le premier critère qui motivait leur choix d'un produit était sa provenance, et qu'il fallait d'abord que le produit soit fabriqué au Japon. Voilà un geste cohérent de solidarité. Puisqu'on veut construire une société prospère, qui fait travailler tout son monde, il faut acheter des produits qui font travailler les nôtres. Sans cette solidarité, on ne prend pas la peine de mesurer cette «valeur ajoutée» qui consiste à faire des emplettes qui créent de l'emploi. D'ailleurs, plus on s'éloigne des grands centres, plus les gens comprennent les mérites d'une telle solidarité : ils sont à même d'en voir les effets.

Et ce n'est pas du protectionnisme. La solidarité et la responsabilité des gens ne sont pas ici imposées comme il est nécessaire de le faire dans un régime protectionniste. D'ailleurs, une telle solidarité existe un peu partout : dans le journal *USA TODAY*, je voyais dernièrement une pleine page de publicité payée par les fournisseurs de Wal-Mart et qui s'adressait aux propriétaires de cette grande entreprise : *THANK YOU FOR YOUR BUY AMERICA PROGRAM!* Ils remerciaient Wal-Mart parce que cette dernière se donne comme politique de placer dans ses magasins des produits faits aux États-Unis; en effet, le président de cette entreprise croit beaucoup à la création d'emplois.

Ici, au Québec, on a créé la Société de promotion Qualité-Québec qui ne vise pas à contrecarrer les lois du marché ni à suggérer la mise en place de lois protectionnistes; elle cherche plutôt à sensibiliser le consommateur à la solidarité sociale et à faire en sorte que lorsque des produits font travailler nos frères, nos sœurs, nos amis, nos voisins et nos voisines, on ait le réflexe de se les procurer.

ÉPILOGUE

Il est évident que quelque chose ne va pas dans l'économie québécoise. Il y a des choses à changer. Il faut agir pour minimiser les dégâts. Au rythme où la situation progresse, à moins d'un virage, il y aura beaucoup de douleur. Peut-être attend-on la souffrance, qui correspond souvent au commencement de la sagesse. C'est vrai sur le plan individuel comme sur le plan social. Quand on ne souffre pas, on s'imagine qu'on est supérieur, à l'abri de tout. Quand on commence à souffrir, non seulement physiquement mais aussi moralement, on s'aperçoit qu'on a besoin des autres, on devient plus humble, plus social, plus généreux, plus tolérant et compréhensif, un peu plus à l'écoute des gens.

Issu d'une famille d'entrepreneurs de Chicoutimi, **Charles Sirois** a commencé sa carrière en 1978 lorsqu'il a repris la gestion d'une entreprise familiale, la Setelco, qui exploitait un réseau local de radiomessagerie. En 1986, il devenait président et chef de la direction de National Pagette, la première société canadienne de radiomessagerie, ainsi que chef de la direction de National Mobile Radio Communications Inc. L'année suivante, la fusion de ces deux sociétés avec Bell Cellulaire donnait naissance à BCE Mobile. Président du conseil et chef de la direction de BCE Mobile de 1988 à 1990, M. Sirois a démissionné de ses fonctions au conseil d'administration de cette entreprise en novembre 1991. Il est actuellement président du conseil, chef de la direction et actionnaire majoritaire de Télésystème National Ltée, une société de portefeuille qui a des parts dans des entreprises de communications au Canada et à l'étranger, dont Téléglobe Inc., où il est également président du conseil et chef de la direction.

Charles Sirois est titulaire d'un baccalauréat en finances de l'université de Sherbrooke, d'une maîtrise en finances de l'Université Laval et d'un permis de la Commission des valeurs mobilières du Québec. Il siège actuellement aux conseils des sociétés et organismes suivants : Radiomutuel Inc., Hydro-Québec, le

B
I
O
G
R
A
P
H
I
E

Groupe DMR Inc., et l'École nationale de l'humour. Il est également membre des Conseils consultatifs fédéral et provincial sur l'autoroute de l'information, ainsi que du Global Information Infrastructure Commission.
M. Sirois est membre de l'Ordre du Canada, et il est coauteur du livre *Le médium et les muses* (Renouf, 1995).

BIOGRAPHIE

L'INITIATIVE ET LA RESPONSABILITÉ: DEUX VERTUS À LA CONQUÊTE DE LA SUBSIDIARITÉ

CHARLES SIROIS

Contrairement aux idées reçues, l'avenir du Québec repose entre les mains des citoyens et citoyennes et non pas entre celles des gouvernements ou de la société. Cette assertion toute simple se vérifie plus que jamais aujourd'hui. Nous avons été amenés à croire que notre futur était une affaire collective. Mais il apparaît de plus en plus clairement que l'être humain est maître de sa destinée et qu'il peut façonner son évolution économique et culturelle. C'est une réalité que les Québécois et Québécoises auraient tout intérêt à méditer longuement.

D'aucuns pensent que nous n'avons pas de prise sur notre environnement. Et que nos réussites, comme nos échecs, ne relèvent pas de nous.

Il n'y a rien de plus faux! Nous pouvons agir, modeler l'avenir plutôt que de réagir au changement. L'initiative individuelle est possible, même si le gouvernement tend à l'encadrer au risque de l'étouffer, tendance que nous devrions d'ailleurs combattre vigoureusement.

Il faudrait toutefois faire notre examen de conscience au lieu de blâmer le gouvernement, qui n'est qu'un reflet de la société. Si celui-ci abandonnait soudainement le domaine de l'action pour se contenter du rôle de coordonnateur et d'arbitre, il provoquerait certainement un tollé car notre société attend de l'État qu'il réponde à tous ses besoins.

Cela dit, il ne s'agit pas de tomber dans l'excès contraire. Le gouvernement remplit un rôle utile, celui d'arbitre qui fixe les règles du jeu et prévient les abus. L'ennui, c'est qu'il cède trop souvent à la tentation de jouer lui aussi, ce qui a évidemment pour effet de fausser le jeu.

Nous devrions tous nous convaincre d'une chose : nous pouvons toujours agir. Soit sur les données du problème, soit sur notre perception du problème. Il ne faut jamais céder à un sentiment d'impuissance. Quand on ne peut modifier une situation, on peut toujours changer soi-même.

Les citoyens et citoyennes doivent comprendre que les changements qu'ils vivent, bons ou mauvais, ne sont pas seulement le fait d'autrui. En clair, il est vain de compter sur le monde des affaires ou sur le gouvernement pour résoudre tous les problèmes du Québec.

Il n'appartient pas au gouvernement de créer des emplois. Il l'a déjà fait, bien sûr, mais à une époque où le pays était encore en friche. À présent, il doit plutôt s'efforcer d'établir un climat favorable à la création d'emplois. Maintenant que les institutions nécessaires à un État moderne sont en place, et compte tenu du fait que la productivité progresse à un rythme soutenu, on ne peut plus s'en remettre au gouvernement pour générer des emplois.

Mais comment expliquer que tant de gens espèrent encore leur salut du gouvernement ? Il faut se tourner vers notre passé et plus précisément vers la grande époque de l'État providence pour comprendre ce phénomène.

L'ÉTAT PROVIDENCE ET LE POIDS DU PASSÉ

Le Québécois d'âge moyen a grandi sous l'aile de l'État providence que ses parents ont créé. Résultat, il est déresponsabilisé. Nous nous retrouvons avec un bilan déséquilibré, où le passif est social et l'actif, individuel. Le citoyen a des droits qu'il fait valoir auprès de la société, mais sans contrepartie. L'État providence a donné naissance à une nouvelle créature, le citoyen sans devoirs.

Il reste que l'État doit réglementer l'économie, sinon ce serait l'anarchie. Car un marché totalement libre n'est pas une solution. D'ailleurs, la concurrence pure n'est qu'un concept théorique à valeur pédagogique. Si la Ligue nationale de hockey, par exemple, appliquait ce concept, il n'y aurait pas de repêchage, cette pratique qui permet aux clubs les plus faibles de choisir les meilleurs joueurs en premier. La logique de la concurrence voudrait en effet que les plus forts bénéficient du premier choix. Le hic, c'est que la plupart des clubs disparaîtraient très rapidement. La Ligue a donc établi des règles pour prévenir ce type d'écrémage. L'État devrait suivre son exemple et se contenter d'édicter des règles, sans s'immiscer dans notre vie quotidienne.

Nous appartenons à une société qui a conféré de nombreux droits à ses membres, en oubliant malheureusement de leur rappeler qu'ils avaient aussi des devoirs envers elle. Autant nous sommes sensibles à la question de nos droits, autant nous sommes indifférents à celle de nos devoirs. En fait, les seuls devoirs qui semblent nous intéresser sont ceux des autres.

Qui pourra changer cette attitude? Le gouvernement? Celui-ci multiplie les promesses de changement, mais se garde bien d'agir pour ne pas faire de vagues. Puis un beau jour, plutôt que d'effectuer les choix sociaux qui s'imposent, il s'attaque à tort et à travers aux dépenses de la santé ou, peut-être pire encore, à l'éducation, alors que le savoir est la clé de la prospérité.

Les citoyens et citoyennes ont des devoirs, donc. Encore faut-il savoir lesquels. Tout comme on a élaboré une charte des droits, il faudrait préparer une charte des devoirs qui ferait l'objet d'un consensus. Question d'équilibre.

Malheureusement, le politicien qui aura le courage de proposer une charte des devoirs du citoyen n'est pas encore né. Ce sera aux jeunes de se rebeller contre le gaspillage de notre patrimoine et de panser les plaies de notre société.

D'autant plus que ce sont eux qui vont hériter de la facture, et non pas la génération des 30-40 ans, bien qu'elle doive se serrer la ceinture depuis quelques années. Nous nous sommes payé des droits qui nous ont grandement facilité la vie. Mais pour cela, nous avons dû emprunter des sommes colossales et c'est une succession grevée de dettes que nous laisserons à la prochaine génération.

Parce que notre vie est limitée dans le temps, alors que la société est en état de perpétuel devenir, nous refusons de nous sentir responsables devant ceux et celles qui viendront après nous. C'est malheureusement le lot des sociétés où les droits priment sur les devoirs.

L'injustice qui menace l'avenir de nos enfants nous met dans une alternative : ou bien nous en laver les mains, comme font trop souvent les rejetons de l'État providence, réduits qu'ils sont à la passivité, ou bien répandre l'idée que nous sommes responsables et que nous avons, nous aussi, des devoirs envers la société d'aujourd'hui et de demain. Tous ceux et celles qui ont le sens de l'équité devraient se faire un devoir de répondre à cet appel à la responsabilisation. N'ayons pas peur de prendre l'initiative car c'est la seule façon de construire un avenir meilleur.

Le bilan n'est pas entièrement négatif, cependant. Nous n'avons pas tout dilapidé, comme en témoigne l'infrastructure moderne dont héritera la prochaine génération. Mais le capital s'use rapidement, alors il faut en profiter sans plus tarder. De plus, la vie de la Québécoise ou du Québécois moyens est beaucoup plus douce et équitable aujourd'hui qu'elle ne l'était après la dernière guerre. Nous avons un système d'éducation, un système de santé, des syndicats, bref, notre environnement est moins hostile.

LA PARTICIPATION À L'ÉCONOMIE

La croyance dans l'égalité est le produit de notre histoire sociale. La génération qui nous a précédés s'est donné une foule de droits sans rien céder en retour. Or, le seul fait d'exister et d'habiter au Québec devrait-il conférer tous les droits ? Il serait peut-être plus utile d'assujettir la jouissance de certains droits à l'accomplissement de certains devoirs. Nous aurions ainsi des droits inhérents, comme le droit à la justice, et d'autres qui seraient liés à l'exécution d'obligations.

La répartition des richesses est un bon exemple. On ne peut apprécier cette répartition sans d'abord adopter un critère de jugement. Notre société a tendance à prôner l'égalité dans ce domaine, mais l'équité est un critère beaucoup plus conforme à nos valeurs fondamentales.

On rémunère des personnes qui ne travaillent pas en donnant comme motif que tout le monde a le droit de vivre. C'est une question de justice et d'égalité. Mais ce droit a pour corollaire un devoir, celui que l'intéressé fasse un effort pour survivre. Il incombe à celle-ci ou à celui-ci de trouver les moyens de redevenir productif pour la société.

Les personnes qui ont le malheur de se blesser au travail, de perdre leur emploi ou de ne pas en trouver peuvent compter sur trois grands mécanismes de rémunération: la CSST, l'assurance-chômage et le bien-être social. Dans tous les cas, le citoyen non productif est assuré d'un revenu minimum. Le problème, c'est qu'il n'a aucun devoir en contrepartie et surtout, qu'on ne l'aide pas à trouver un travail.

Le droit à un revenu serait-il plus important que le droit au travail ?

FACE À L'AVENIR

À la question de savoir si les Québécois et Québécoises ont les moyens de se prendre en main, il faut répondre oui. Nous sommes plus instruits et plus ouverts sur le monde qu'autrefois. Nous faisons davantage confiance à l'avenir aussi, et nous n'avons plus de complexe face aux anglophones.

Nous avons fait du chemin depuis la guerre. Notre langue et notre religion ne sont plus des handicaps. L'égalité des chances est devenue réalité. Deux raisons expliquent cette évolution. L'instruction, d'abord, puis le fait que nous soyons sortis du cadre étroit propre aux sociétés cléricales.

Les temps ont changé également. Nous sommes devenus des Nord-Américains, tandis qu'une partie de l'Amérique est en voie d'«hispanisation». La société est mobile et hypermédiatisée. Rien ne sert de regarder en arrière, nous devons faire nos adieux à une stabilité devenue utopique et prendre le train en marche.

Il ne s'agit pas de sacrifier au culte de l'excellence, cette idée fausse au nom de laquelle on mesure la performance des coureurs du dimanche à l'aune des champions olympiques. Mal comprise et mal employée, la notion d'excellence a contribué à la souffrance morale des individus. On les a sommés d'exceller ou de renoncer à tout avenir. Comme si le rendement du groupe était la simple somme des rendements individuels. Pensons plutôt à une courbe de distribution normale. Les plus doués et les plus rapides se trouvent au sommet de la courbe. Dire aux autres qu'ils n'ont pas d'avenir, c'est vouer 90% de la population à l'exclusion. La croisade de l'excellence est passée de mode. L'important est le rejet de la médiocrité, ce qui permet à chacun et à chacune de se mesurer d'après son propre potentiel.

Oublions les solutions faciles, les slogans et les beaux discours. L'heure est venue de faire des choix difficiles en ce qui concerne le rôle de l'État et notre fonctionnement économique.

Chapitre **IV**

Les valeurs des journalistes et des hommes d'affaires
francophones, 75 ans avant la révolution tranquille
FERNANDE ROY

Chapitre **V**

Les valeurs sociales et l'entreprise
MARCEL LIZÉE

Chapitre **VI**

La morale et le droit des affaires
MICHÈLE GAMACHE

C'était en mars 1992. Mon assistant conduisait l'auto dans les rues de Boston. J'étais assis en arrière avec un jeune consultant russe qui achevait un séjour de douze mois aux États-Unis. Il lui restait un séminaire. Lorsque nous arrivâmes aux portes d'un pavillon du Harvard Business School, je lui demandai ce qu'il avait retenu de l'importance de l'éthique en affaires. Il m'a répondu : «Je vais conseiller à mes clients de tricher le plus possible.»

Il semble que ce jeune homme a pu conseiller plusieurs entreprises en Russie, vu le chaos actuel dans l'économie de ce pays. C'est un mythe assez répandu de croire que l'essentiel des affaires est de tricher. Une espèce de vol accompli selon un rituel. Citons une conversation tirée d'un roman de Len Deighton :

«L'aboutissement logique de la compétition est la compétition physique. Pour l'individu, l'entreprise privée la plus pure est la prostitution (la forme passive) et le vol à main armée (la forme active)».

Au Québec, ce mythe est peut-être moins explicite. Par contre, on blâme souvent l'Église catholique pour le retard (d'ailleurs très exagéré) de l'entrée des Québecois dans le milieu des affaires, puisque l'Église enseigne que l'on ne doit ni tricher ni mentir ni voler. Pour celui ou celle qui croit que ces trois verbes sont l'essentiel des affaires, ou qu'ils sont des préalables du succès, la déduction se fait alors rapidement. Qui le croit, alors ? Celui qui triche, sûrement. Ainsi que ceux et celles qui méconnaissent les affaires, en commençant par quelques professeurs qui prétendent être «près de la réalité»; quelques curés, peut-être, mais aussi des historiens, des sociologues, des romanciers...

Je dis souvent à mes étudiants et étudiantes que la finance est au cœur de la gestion, mais que le cœur des affaires est la vente. C'est de l'essence de la vente, et de l'essence des affaires, que les deux parties sortent gagnantes. Sinon, il faudrait prétendre qu'une économie forte est bâtie sur des consommateurs qui sont des sous-doués mentaux.

Dans le chapitre IV de cette partie, Fernande Roy s'intéresse à un autre mythe : celui qui prétend que le Québécois ne s'est consacré aux affaires qu'après la mort de Duplessis, parce qu'avant la mort de celui-ci, tous étaient à la ferme ou au grand séminaire. Elle nous explique que déjà, au tournant du siècle, le libéralisme était monnaie courante à Montréal et ailleurs au Québec. Quand Maurice Duplessis était encore... au petit séminaire !

Marcel Lizée pose ensuite des questions sur ce libéralisme. Les partisans d'une certaine vision soutiennent que l'entreprise n'a qu'un seul but : enrichir les actionnaires, et que toute autre considération proviendrait, ou de l'interventionnisme de l'État, ou d'inhibitions. C'est une vision partagée davantage par les avocats que par le milieu des affaires. La réalité des affaires est tout autre : l'entreprise n'est pas amorale, elle a une responsabilité face à la société qui l'entoure.

Michèle Gamache, dans le chapitre VI, explique que le nouveau Code civil du Québec incorpore des notions de morale dans le droit des affaires, de façon encore plus explicite que dans le passé.

Fernande Roy détient un doctorat en histoire depuis 1986 et elle est professeure au département d'histoire de l'Université du Québec à Montréal. Elle est l'auteure de *Progrès, harmonie, liberté. Le libéralisme des milieux d'affaires francophones à Montréal au tournant du siècle* (Boréal, 1988), ouvrage qui a remporté le prix Lionel-Groulx en 1989. Elle a également publié une *Histoire des idéologies au Québec aux XIXe et XXe siècles* (Boréal, 1993). Fernande Roy a participé de façon soutenue aux activités de la communauté scientifique. Elle a entre autres été durant plusieurs années directrice scientifique de l'Institut d'histoire de l'Amérique française et secrétaire à la rédaction de la *Revue d'histoire de l'Amérique française*. Elle est un membre actif du Groupe de recherche en histoire des médias au Québec. Ses recherches portent actuellement sur l'histoire des journalistes québécois au tournant du siècle. Elle dirige également plusieurs thèses de doctorat et mémoires de maîtrise dans le domaine de l'histoire sociale et intellectuelle du Québec.

BIOGRAPHIE

LES VALEURS DES JOURNALISTES ET DES HOMMES D'AFFAIRES FRANCOPHONES, 75 ANS AVANT LA RÉVOLUTION TRANQUILLE

FERNANDE ROY

On a longtemps cru que le Québec dit moderne commençait avec la révolution tranquille, et l'on associait à cette modernité une pensée libérale qui, enfin, pouvait s'épanouir ici comme dans le reste du monde occidental. Le Québec d'avant 1960 était perçu comme une société exceptionnellement traditionnelle, enfermée dans un nationalisme rétrograde et rejetant les valeurs matérielles tout comme l'individualisme. L'Église catholique y aurait imposé sa vision passéiste du monde, entraînant à sa suite la petite bourgeoisie canadienne-française, composée surtout d'avocats, de notaires, de médecins et de modestes hommes d'affaires. Dans ce contexte, la participation des hommes d'affaires francophones à l'élaboration des valeurs propagées dans la société québécoise ne pouvait dater que des quelques dernières décennies.

Or, les recherches récentes des historiens et des historiennes ont largement infirmé cette vision des choses[1]. Le Québec moderne n'a pas émergé subitement en 1960. Du XIXᵉ siècle à nos jours, les valeurs libérales et démocratiques se sont imposées petit à petit et, dans cette évolution, les hommes d'affaires francophones ont eu un rôle à jouer.

---

1. Ce texte reprend une analyse plus élaborée, parue dans *Progrès, harmonie, liberté. Le libéralisme des milieux d'affaires francophones à Montréal au tournant du siècle*, Montréal, Boréal, 1988, 301 p. et dans *Histoire des idéologies au Québec aux XIXᵉ et XXᵉ siècles*, Montréal, Boréal, 1993, 127 p.

DES JOURNAUX ET DES ASSOCIATIONS

Jusqu'au dernier quart du XIXᵉ siècle, les hommes d'affaires cana-diens-français ne disposaient pas d'associations propres ni d'organes de presse qui leur auraient servi de porte-parole attitrés dans les débats sociaux. En 1871, L.-É. Morin et Cléophas Beausoleil fon-dent *Le Négociant canadien*, un hebdomadaire spécialisé qui ne dure que deux ou trois ans, victime sans doute de la grave crise économique des années 1870. Toutefois, durant la décennie suivante, une presse d'affaires francophone s'établit de manière durable.

En 1881, les fondateurs du *Moniteur du commerce*, les frères Clément-Arthur et Edmond Dansereau, se fixent comme objectif de favoriser le développement des entreprises à caractère écono-mique des Canadiens français. Ces derniers ont un retard à rattra-per; il leur faut reprendre une position et une influence propor-tionnelles à leur population. Pour accroître leurs chances, ils doivent augmenter leurs connaissances sur les questions économi-ques en général et se tenir à la fine pointe de l'information relative au commerce, à l'industrie et à la finance. *Le Moniteur du com-merce* entend justement leur servir de guide. En 1884, la publica-tion passe aux mains de Trefflé Berthiaume et de F.-D. Shallow; puis, trois ans plus tard, Shallow rachète les parts de Berthiaume et reste, jusqu'aux années 1930, l'unique propriétaire de ce journal d'affaires dont il confiera la rédaction à Stanislas Côté.

Fondé en 1887 par J.-B. Monier et Jules Helbronner, *Le Prix courant* devient la propriété des frères Henri et Alfred Lionais en 1893. À partir de 1901, le journal appartient à la Compagnie de publications commerciales, avant de devenir, en 1911, la propriété de la Société de publication des marchands-détailleurs du Canada. *Le Prix courant* poursuit les mêmes objectifs que le *Moniteur du commerce*.

Au tournant du siècle, les tirages des deux hebdomadaires ne dépassent pas quelques milliers, ce qui, par ailleurs, est fort respectable à l'époque pour ce type de publications. La compétence professionnelle des rédacteurs est impressionnante. Les plus connus d'entre eux disposent d'une bonne formation et d'une grande expérience, tant du journalisme que des affaires. Signalons aussi que ces journalistes sont très près des associations d'hommes d'affaires où certains d'entre eux assument d'importantes fonctions de secrétaire: c'est le cas de Stanislas Côté, de J.-B. Monier et de J.-A. Beaudry.

Avec ténacité, propriétaires et journalistes réussissent à prouver que leur entreprise est non seulement utile, mais aussi rentable, démentant ainsi certains pessimistes qui leur prédisaient la faillite à brève échéance, sous prétexte que les affaires étaient une spécialité anglaise.

À l'époque, des sceptiques doutaient aussi des chances de survie d'une chambre de commerce distincte pour les Canadiens français. Pourtant, c'est bien ce que souhaite un groupe d'hommes d'affaires montréalais en décembre 1886. Parmi eux, on retrouve le sénateur Alfred Thibaudeau et les présidents des banques francophones, c'est-à-dire Jacques Grenier de la Banque du peuple, Alphonse Desjardins de la Banque Jacques-Cartier et F.-X. Saint-Charles de la Banque d'Hochelaga. On y retrouve aussi les propriétaires d'importantes maisons commerciales canadiennes-françaises, de même que quelques manufacturiers.

Doit-on créer un organisme à part ou plutôt tenter de se tailler une meilleure place au Montreal Board of Trade? Ils en débattent. La majorité soutient que les intérêts des francophones et des anglophones, sans être opposés, sont tout de même distincts et que, dans cette circonstance, le meilleur moyen d'assurer l'harmonie est, pour chaque groupe, de posséder sa propre organisation afin qu'aucun des deux ne se sente lésé. C'est donc sans animosité ethnique que l'on opte pour la fondation de la Chambre de commerce du district de Montréal, fondation qui deviendra officielle en février 1887.

La Chambre sera un lieu de réunion où l'on établit des contacts en vue d'augmenter ses affaires, mais aussi un lieu de délibération où l'on peut exprimer une opinion collective et éventuellement agir pour que cette opinion prévale dans la société. Pour les leaders, la nouvelle Chambre de commerce est l'instrument nécessaire qui permettra aux Canadiens français de prendre davantage leur place dans ce monde des affaires.

Petit groupe de 136 au moment de la fondation, les membres sont 251 un an plus tard. Vers 1900, le nombre de participants a doublé et, à la veille de la Première Guerre mondiale, plus de 1000 personnes sont membres de la Chambre de commerce. Celle-ci est loin de connaître la force du Montreal Board of Trade, dont le nombre d'adhérents est deux fois plus élevé, et ceci sans tenir compte des niveaux d'activité économique. Mais il reste que, à la fin de la première décennie du XXe siècle, la Chambre de commerce du district de Montréal apparaît comme un organisme qui a réussi à s'implanter comme porte-parole de la communauté d'affaires francophone de Montréal, rassemblant des représentants de chacun des secteurs économiques.

La Chambre prend aussi le leadership des associations patronales dans l'ensemble du Québec, en mettant sur pied, en 1909, la Fédération des Chambres de commerce de la province de Québec, projet qu'elle préconisait depuis 1894. Elle maintient des relations étroites avec diverses associations d'affaires plus spécialisées, et aussi avec le Montreal Board of Trade. Elle entretient également tout un réseau de relations avec l'extérieur, en particulier avec le monde politique, celui de l'enseignement, celui des associations nationales et celui de la presse. Malgré des débuts difficiles, la Chambre de commerce devient rapidement un groupe de pression avec lequel il faut compter.

Les associations patronales francophones et la presse d'affaires se manifestent et croissent en même temps sur la scène montréalaise de l'époque. Ce n'est pas un hasard, mais un signe: ces instruments de promotion des hommes d'affaires francophones apparaissent à la fois comme des témoins et des atouts dans la progression de ce groupe au sein de la société québécoise. Comment souhaitent-ils orienter le développement de cette société? Voyons maintenant ce qu'ils ont à dire.

LE «PROGRÈS» À LA MANIÈRE DES HOMMES D'AFFAIRES

Dans un article critique à l'endroit des Chevaliers du travail, une association ouvrière, *Le Moniteur du commerce*, déclare en 1888:

> *Rapprocher chaque jour l'ouvrier des classes supérieures, égaliser les conditions par l'instruction, par la moralité, par la puissance de l'épargne, c'est le courant du siècle, c'est l'avenir de la démocratie. Tendre à séparer les classes au lieu de les égaliser et de les confondre, chercher à créer un quatrième état et à lui attribuer la toute-puissance dans la société, c'est faire œuvre révolutionnaire, c'est tourner le dos au progrès et à l'avenir[2].*

Mais quel est donc ce progrès? Si l'on se fie aux hommes d'affaires canadiens-français, le progrès, c'est d'abord la réussite matérielle. Comment y arriver? Une petite recette: travail, économie, intégrité, persévérance, voilà la route du succès. Ces individualistes sont péremptoires: «c'est à chacun de faire son chemin ici-bas[3]» et tous les individus sont également libres et responsables de leur réussite ou de leur échec, de leur bonheur ou de leur malheur.

---

2. *Le Moniteur du commerce*, «Les Chevaliers du travail», 13 janvier 1888, p. 633.

3. *Le Moniteur du commerce*, «Pourquoi y en a-t-il qui réussissent mieux que d'autres?», 15 mai 1896, p. 692.

Le bonheur, pour un individu, consiste précisément à réussir dans ses entreprises matérielles et à acquérir une fortune. Le seul moyen d'y parvenir, c'est de garantir la propriété privée et la liberté individuelle. Le XIXe siècle est acclamé comme un «siècle de progrès», parce que s'y sont développés les droits de la propriété privée. Au XIXe siècle, clame-t-on, les hommes sont les fils de leurs œuvres. Ce mythe est propagé à travers les *success stories* publiées à profusion dans la presse urbaine.

Les journalistes d'affaires veulent aussi développer chez leurs compatriotes francophones l'ambition, l'esprit d'entreprise et la recherche du profit. Il ne suffit pas de se créer un petit capital:

Une fois ce capital acquis, on ne doit pas rester les bras croisés et ne lui laisser rapporter qu'une rente insignifiante. Il faut travailler à le doubler, à le tripler, soit dans le commerce où il a été réalisé, soit en le faisant contribuer aux entreprises productives qui surgissent chaque jour de toutes parts[4].

Le bonheur se jauge à l'abondance, et l'addition de ces réussites individuelles et matérielles apportera le «progrès». Selon les hommes d'affaires, la propriété individuelle constitue la meilleure source de productivité et d'efficacité pour l'accroissement des biens matériels et la satisfaction des besoins humains. C'est le progrès matériel qui amènera à sa suite le progrès moral et intellectuel. Adeptes de l'économie politique libérale, les propriétaires de petites et moyennes entreprises canadiennes-françaises affirment avec beaucoup d'enthousiasme leur volonté de participer pleinement au développement et à la croissance économiques, c'est-à-dire, dans leur vocabulaire, au progrès.

C'est bien à tort que l'on a voulu restreindre l'adhésion à ce type d'idéaux à la seule communauté anglophone. On a abusivement

---

4. *Le Moniteur du commerce*, «L'esprit d'entreprise», 8 novembre 1899, p. 446.

attribué à tous les Canadiens français le point de vue des ultramontains qui, bien sûr, endossent alors une autre échelle de valeurs.

> *Je veux bien*, écrit le juge A.-B. Routhier, *que le Canada français s'avance à grands pas sur la voie ferrée du progrès matériel, traîné par ces deux grandes locomotives qu'on appelle le commerce et l'industrie. Mais je veux avant tout qu'il ne s'engage jamais hors du chemin que la France catholique a tracé pour lui. J'estime très bon qu'il devienne riche et puissant, mais il est essentiel qu'il reste profondément catholique; et s'il faut pour cela sacrifier le commerce et l'industrie, je le dis énergiquement, sacrifions-les[5].*

La large majorité des Canadiens français ne veut pas de ces sacrifices énergiques. Il est, par ailleurs, excessif de croire que l'ensemble de l'Église souhaite confiner les Canadiens français dans l'agriculture. Par exemple, d'après de récents travaux, le projet colonisateur du célèbre curé Labelle s'inscrit dans une perspective de développement économique intégral, de conquête du territoire et même de reconquête économique pour les Canadiens français catholiques[6]. Cette utopie n'a rien d'un repli sur la terre.

De leur côté, les hommes politiques endossent le mouvement de colonisation, sans en faire une priorité. Les relations entre l'Église et l'État ne sont pas non plus leur seul souci. Bien au contraire, aux deux paliers de gouvernement, les hommes politiques sont quasi en symbiose avec les hommes d'affaires. Préoccupés de chemins de fer, d'industrialisation et de développement économique à la manière libérale, ils légifèrent en fonction des besoins insatiables

---

5. A.-B. ROUTHIER, *Causeries du dimanche*, 1871, cité par N. F.-Eid, *Le clergé et le pouvoir politique au Québec: une analyse de l'idéologie ultramontaine au milieu du XIXe siècle*, Montréal, HMH, 1978, p. 236.

6. Gabriel DUSSAULT, *Le curé Labelle. Messianisme, utopie et colonisation au Québec, 1850-1900*, Montréal, Hurtubise HMH, 1983, 387 p.

de la propriété privée. Au nom du développement du pays et de la province, et au nom du progrès.

La démocratie parlementaire que ces élites avalisent est encore fort peu égalitaire. Les femmes s'y voient refuser leurs droits sociaux et politiques, les étrangers sont fort mal acceptés et les travailleurs pratiquement laissés à eux-mêmes ou aux forces du marché. Les milieux d'affaires sont méfiants, sinon hostiles au développement du syndicalisme. Ils se disent pourtant favorables à une amélioration de la condition des travailleurs et travailleuses, mais, là comme ailleurs, les patrons vantent la recette dite infaillible de l'initiative et de la responsabilité individuelles.

Par contre, au nom de la démocratie et du progrès, les journalistes et les associations d'affaires réclament un accès plus large et plus aisé à l'éducation... pour les garçons; les filles devront attendre. Ils exigent surtout une éducation plus adaptée aux courants du siècle. Ces exigences entraînent une critique sévère de l'Église catholique, tenue responsable du retard canadien-français dans ce domaine.

> *En fait d'enseignement, jusqu'à il y a vingt ans, le clergé a fait ses preuves, c'est vrai; mais depuis vingt ans ou à peu près [...] le clergé n'a rien fait pour généraliser et augmenter sensiblement l'instruction parmi le peuple[7].*

Cependant, après avoir obtenu satisfaction dans le secteur de l'éducation spécialisée, les hommes d'affaires laissent finalement le système scolaire à la gouverne de l'Église. C'est une concession majeure, mais qui ne révèle pas un assujettissement au pouvoir clérical: dans le champ politique comme dans le champ économique, l'Église en tant qu'institution ne se voit reconnaître ni rôle ni privilège. Il reste que le libéralisme de ces hommes d'affaires est

---

7. *Le Moniteur du commerce*, «La réforme de l'instruction publique», 19 août 1892, p. 57-58.

respectueux à l'endroit de l'Église catholique, puissance avec laquelle ces derniers doivent, tout comme les hommes politiques, composer, sans toutefois renier l'ensemble de leurs valeurs.

Ces hommes d'affaires s'accommodent également d'une forme de nationalisme canadien où l'individualisme passe devant les valeurs communautaires. S'enfermer dans la province de Québec, refuser l'ouverture sur le monde, c'est tourner le dos au progrès et favoriser le retard économique des Canadiens français. Dans ce domaine, leur idéal est celui de la bonne entente entre les groupes ethniques.

À la fin du XIXe siècle, les groupes laïques dominants, tant dans les milieux politiques que dans les milieux d'affaires, ont établi une sorte de consensus autour de l'individualisme et de la propriété privée, autour des libertés politiques et des institutions parlementaires britanniques, et autour du progrès conçu essentiellement comme développement matériel et croissance économique. On peut, si l'on veut, qualifier cette idéologie de conservatisme. Elle sert, en effet, à conserver les privilèges de ces classes dominantes. Pourtant, il s'agit bien d'une forme de libéralisme. Une fois établi, au service d'une bourgeoisie installée, le libéralisme classique n'a rien d'un progressisme.

Ce credo libéral s'impose tranquillement, sans doute davantage dans les milieux urbains. Des recherches supplémentaires seraient nécessaires pour mesurer l'étendue de l'adhésion à ce libéralisme modéré dans l'ensemble de la société québécoise. Par ailleurs, il est assez certain que cette idéologie est fort peu contestée sur son flanc gauche. Les travailleurs et travailleuses demeurent un groupe dominé. Certains libéraux manifestent une timide ouverture aux réformes: le système est perfectible, mais il ne faut rien bousculer. Sur le flanc droit, les traditionalistes sont encore nombreux. Il ne faut cependant pas confondre leur conservatisme avec celui des libéraux. C'est la société ancienne que les traditionalistes veulent préserver. Ainsi, une minorité *tory* se passerait volontiers de la démocratie et quelques ultramontains rêvent encore d'une théocratie. En cette fin de siècle, pourtant, les partisans d'un retour en arrière n'ont plus vraiment de prise.

LE QUÉBEC «MODERNE», VERS 1900...

Au tournant du siècle, les partisans d'une société capitaliste et libérale sont enthousiastes: le XXᵉ siècle appartiendra au Canada, selon Wilfrid Laurier, alors Premier ministre fédéral. Le «progrès» tant souhaité par les libéraux, hommes politiques ou hommes d'affaires, de la période antérieure, est maintenant acclamé avec le XXᵉ siècle. Le progrès nous entoure, il est là avec la prospérité économique. De façon laconique, mais éloquente, *Le Moniteur du commerce* résume la question: «En Canada, les choses sont au mieux matériellement parlant. Nous sommes un peuple heureux[8].»

Progrès est associé à développement économique, mais aussi à modernité. En l'occurrence, être moderne signifie être de son siècle, de son époque, celle de l'essor économique, de la croissance industrielle, du développement urbain. Les journalistes d'affaires francophones encouragent fortement les Canadiens français à s'approprier une part du gâteau de la prospérité. Pour stimuler l'esprit d'entreprise, *Le Moniteur du commerce* publie une chronique intitulée «Nos hommes de progrès», où les commerçants et les industriels francophones apparaissent comme les bienfaiteurs de l'humanité.

L'apologie du progrès ainsi défini concourt à préserver l'univers socioéconomique dont les hommes d'affaires sont partie prenante. Célébrer la modernité permet alors de faire en sorte que l'avenir se poursuive sur la lancée du présent. Au XXᵉ siècle comme au XIXᵉ, les hommes d'affaires veillent à ce que les pouvoirs politiques n'entravent pas, mais favorisent plutôt l'épanouissement de la propriété et des propriétaires. Le rôle de l'État reste libéral et les

---

8. *Le Moniteur du commerce*, «La situation», 26 octobre 1906, p. 594.

milieux d'affaires n'ont pas de peine à s'entendre avec les milieux politiques qui, sur ce plan, partagent la même conception. Les premiers ministres du Québec, Simon-Napoléon Parent, Lomer Gouin, puis Alexandre Taschereau vantent le progrès de la même façon, en faisant admirer le développement industriel... qu'ils laissent à l'entreprise privée: «Nous voulons multiplier, sur le territoire de notre province, le nombre de ces centres industriels qui répandent le progrès et la richesse[9].»

À Montréal, la presse francophone à grand tirage (et il en va de même dans les quotidiens anglophones), endosse ce discours axé sur le progrès matériel et sur les qualités individuelles qui permettent d'y accéder. La lutte pour la vie concerne d'abord les individus et, sauf exception, l'État n'a pas à s'en mêler. C'est par leurs succès individuels — et d'abord matériels — que les Canadiens français s'imposeront comme nation.

> *Le Canada français doit beaucoup de sa cohésion à sa langue d'abord, à l'organisation locale de sa religion, à son culte des traditions; [...] il doit chercher les voies de son avenir du côté de l'industrie, du commerce et de l'agriculture, ces ferments économiques qui verseront dans son composé national le grand frisson du Progrès Moderne[10].*

C'est avec enthousiasme que les quotidiens francophones à grand tirage reprennent le slogan d'Errol Bouchette: «Emparons-nous de l'industrie!»

---

9. L. GOUIN, en 1919, cité par P.-A. Linteau et al., *Histoire du Québec contemporain*, 2ᵉ éd., Montréal, Boréal, 1989, vol. 1, p. 696.

10. *Le Canada*, 13 août 1907, cité par R.R. Heintzman, *The Struggle for Life: the French Daily Press of Montreal and the Problem of Economic Growth in the Age of Laurier*, Thèse de Ph.D. (histoire), York University, 1977, p. 648-649.

Pourtant, quelques-uns s'inquiètent. Accusant les gouvernements de brader les richesses de la province aux capitalistes souvent étrangers, des nationalistes de tendances diverses réclament — et obtiennent parfois — des mesures pour préserver l'avenir et pour conserver au Québec les bénéfices du développement industriel. Par exemple, en 1910, le gouvernement québécois interdit l'exportation du bois coupé sur les terres publiques, ce qui contribue à l'essor des usines de pâtes et de papier au Québec. Mais ces gestes sont plutôt rares et les gouvernements voient encore leur rôle dans l'appui aux infrastructures. Après l'ère des chemins de fer, voici celle des routes.

Certains nationalistes exigent davantage. Ainsi, Errol Bouchette souhaite non seulement que le gouvernement provincial adopte une politique industrielle qui préserverait les intérêts du Québec dans l'exploitation de ses ressources naturelles, mais il demande aussi l'intervention de l'État pour permettre aux Canadiens français de suppléer leur manque de capitaux et de participer davantage au développement industriel. Mais Bouchette ne convainc aucun homme politique des vertus de l'intervention étatique pour combler le retard économique des Canadiens français. Il avait cinquante ans d'avance...

Par contre, Bouchette a davantage d'adeptes lorsqu'il déclare que les Canadiens français sont pénalisés par les faiblesses du système d'éducation et qu'il insiste pour qu'on fasse une plus grande place à l'enseignement des sciences et des techniques. Il rejoint ici les hommes d'affaires canadiens-français qui, depuis longtemps, exigent une éducation «moderne»... et une main-d'œuvre qualifiée. La Chambre de commerce de Montréal s'implique particulièrement dans ce dossier, et avec succès. Écoles du soir, écoles techniques, École des Hautes études commerciales, le gouvernement établit un réseau d'enseignement spécialisé qui échappe à la tutelle de l'Église. Néanmoins, celle-ci s'occupe encore de la grande partie de l'éducation et elle réussit à bloquer les projets d'instauration d'un ministère de l'Instruction publique ou d'établissement de l'instruction obligatoire. Les hommes d'affaires et les hommes politiques s'en accommodent: la paix avec l'Église a son prix. Néanmoins, les partisans du libéralisme valorisent l'éducation. Ils n'ont même que cette panacée à offrir à ceux qui ne goûtent pas autant que les autres aux bienfaits du progrès. Le *Moniteur du commerce* encourage les ouvriers et les commis de magasins à fréquenter les écoles du soir avec ce mot d'ordre: «Outillez-vous pour le *struggle for life*[11]...» Si l'individualisme et la suprématie de la propriété privée s'imposent dans le domaine économique, il en va de même dans le domaine social. Au milieu d'une euphorie libérale socialement aveugle, quelques-uns réclament malgré tout des changements. Parallèlement au progrès économique, il faudrait bien un peu de progrès social. Ces réformistes canadiens-anglais et canadiens-français dénoncent les abus du système: les transformations économiques ont entraîné des problèmes sociaux graves qui débordent la responsabilité individuelle et appellent une certaine intervention de l'État. Cependant, c'est surtout après la Première Guerre mondiale que le système commencera, à cet égard, à s'infléchir très lentement. Pour l'heure, malgré quelques timides exceptions, l'ensemble du domaine social est, tout comme l'éducation, laissé aux initiatives privées.

L'Église catholique est bien loin de partager l'enthousiasme des élites laïques à l'égard du progrès et de la modernité. La société industrielle et urbaine sera-t-elle chrétienne? Pour évoquer le traditionalisme du clergé, on cite souvent le fameux sermon de Mgr Paquet, affirmant que la mission des Canadiens français n'est pas d'allumer le fourneau des usines, mais de faire rayonner la pensée. On «oublie» toujours que, dans ce sermon du 23 juin 1902, Mgr Paquet constate avec plaisir que «nous entrons dans une ère de progrès»; «la richesse n'est pas interdite à aucun peuple ni à aucune race», déclare-t-il, mais il ne faut pas faire une fin de ce qui n'est qu'un moyen[12].

---

11. *Le Moniteur du commerce*, «À nos jeunes commis», 4 novembre 1904, p. 618.

12. Mgr Paquet, 1902, reproduit dans Y. Lamonde, dir. *Louis-Adolphe Paquet*, Montréal, Fides, 1972, p. 56-60.

Tout en demeurant conservatrice sur le plan idéologique, l'Église québécoise s'ajuste cependant aux nouvelles réalités. Forcée de vivre dans la société industrielle, elle tente maintenant d'y restaurer le christianisme. L'idéal du mouvement d'Action catholique qui prend son essor à cette période se résume dans cette volonté. Toutefois, l'Église catholique installe dans ce mouvement une structure de pouvoir hiérarchique. Les laïcs, jeunes étudiants, femmes ou travailleurs, s'y trouvent soumis à un aumônier, fidèle gardien de l'orthodoxie. Même si elle procure des services et, souvent, une aide charitable, l'Église agit comme stabilisateur social: elle prône, en effet, la soumission à l'autorité et le respect de la propriété privée, au grand avantage des groupes dominants.

D'un autre côté, certains membres du clergé s'avèrent de fervents nationalistes, insatisfaits des politiques du gouvernement libéral de Louis-Alexandre Taschereau. Ce dernier devient surtout la «bête noire» des nationalistes regroupés autour de *L'Action française*, un mensuel dirigé par Lionel Groulx. Au sortir de la Première Guerre mondiale, après la crise de la conscription, les nationalistes dressent un bilan négatif d'un demi-siècle de fédéralisme. *L'Action française* enquête et met en évidence la faiblesse économique des Canadiens français. Elle dénonce le gouvernement Taschereau qui laisse les investisseurs étrangers s'emparer des richesses québécoises. À son point de vue, le développement économique devrait tenir compte des intérêts de la collectivité nationale, quitte à retarder cette industrialisation excessive dont le résultat le plus net lui semble l'anglicisation et l'américanisation. Ainsi, dans les années 1920, la question nationale est devenue une question économique. Même si l'on y trouve, à l'occasion, des envolées poétiques sur les vertus et les beautés de la vie champêtre, ainsi que des couplets moralisateurs sur les dangers de la ville, *L'Action française* ne s'oppose ni à l'industrialisation ni à l'urbanisation. Le développement économique est nécessaire, mais il faut l'infléchir, selon une échelle plus réduite et à un rythme auquel les Canadiens français pourront s'accorder.

L'Action française rassemble des membres des professions libérales et des membres du clergé. Tiraillés entre le changement et la tradition, ces nationalistes se plaignent eux-mêmes, à la fin de la décennie, d'être peu suivis par leurs compatriotes. L'ennemi n'est pas seulement l'étranger, constatent-ils avec amertume, il est à l'intérieur, au sein même de la société canadienne-française, en particulier parmi son élite politique.

Quoi qu'en disent les nationalistes, le Parti libéral de Taschereau n'est pourtant pas insensible à la question nationale, mais il l'aborde d'une autre manière, bien en accord avec les milieux d'affaires dont il reçoit un ferme soutien. La promotion de l'enseignement commercial et technique vise justement à faciliter l'insertion des Canadiens français dans le monde des affaires et dans la société industrielle, le seul avenir possible, à leur avis. Pas question, cependant, de freiner ce développement. L'industrie crée des emplois: «J'aime mieux importer des dollars américains qu'exporter des Canadiens aux États-Unis[13]», rétorque Taschereau aux nationalistes. Et les électeurs continuent de soutenir le Parti libéral.

Quant à eux, lorsqu'ils constatent que les Canadiens français accusent un retard sur le plan économique, les hommes d'affaires francophones recommandent toujours la solution individualiste plutôt que collective. Par ailleurs, les Canadiens anglais ne sont pas présentés comme des adversaires ou des dominateurs, mais plus souvent comme des modèles dont il faut imiter la réussite matérielle et avec qui il convient de vivre en bonne harmonie. Dans cette perspective, anglophobes et francophobes sont dénoncés de la même façon: les animosités nationales ne peuvent que nuire au progrès. Enfin, même s'ils se méfient des empiétements américains et qu'ils entendent bien préserver leur territoire des convoitises étrangères, les hommes d'affaires ont plutôt tendance à envier et à chercher à égaler les manières américaines.

---

13. L.-A. TASCHEREAU, cité par Yves Roby, *Les Québécois et les investissements américains (1918-1929)*, Québec, Presses de l'Université Laval, 1976, p. 210.

Ils rejoignent sans doute un bon nombre de leurs concitoyens, à Montréal tout au moins, qui ne semblent pas s'alarmer outre mesure devant l'américanisation de leur société. Les modes de vie changent; la presse se développe comme un média de masse; le cinéma et le théâtre populaire attirent des foules; la commercialisation des loisirs s'installe et les urbains en profitent, en dépit des exhortations du clergé. Ils sont alors nombreux à partager l'optimisme libéral, que la crise économique des années 1930 vient pourtant démentir de façon brutale.

CRISE, BLOCAGE ET CONTESTATIONS

Avec la Crise, les milieux plus traditionalistes — qui l'avaient bien dit — ressortent leurs vieilles solutions comme la colonisation et le retour à la terre. On moralise. Les capitalistes sont trop égoïstes. Les excès matérialistes du système libéral ont, paraît-il, engendré la décadence des mœurs. Mais la dépression ravive aussi la peur du communisme, système perçu comme encore plus immoral. Elle entraîne également une recrudescence des nationalismes, parfois aussi de l'intolérance et de la xénophobie.

Les milieux cléricaux et nationalistes proposent une «restauration sociale», c'est-à-dire une réforme de l'ordre social capitaliste, l'implantation d'un capitalisme plus humain, maîtrisé par l'organisation professionnelle et corporative. Le corporatisme social rétablira l'harmonie, l'ordre, mais aussi la justice. Ce nouveau système possède encore une autre vertu: puisque ce sont les Canadiens français qui domineraient les corporations, le corporatisme apparaît comme un véritable moyen de reconquête économique. Même si un certain nombre d'intellectuels s'en délectent durant plusieurs années, ce projet utopique fait long feu. Et la communauté d'affaires ne l'a jamais pris au sérieux.

Par ailleurs, il n'y a pas, pour les années 1930 et 1940, d'études générales sur les valeurs propagées par les journalistes et les hommes d'affaires, comme c'était le cas pour les décennies antérieures. Néanmoins, d'un ensemble de travaux portant sur cette période, il se dégage une constatation importante: tout au long de la décennie, le libéralisme des hommes d'affaires et des hommes politiques est à peine modifié par la Crise. Ce qui caractérise le libéralisme québécois — contrairement aux expériences britannique et américaine, pourtant ses modèles — c'est justement de ne pas vraiment changer durant les années trente. Voyons pourquoi.

À l'instar des dirigeants canadiens et américains, le gouvernement du Québec sous-estime d'abord aveuglément l'ampleur de la dépression. Il faudra une misère profonde et de sévères critiques pour qu'il abandonne son habituel laissez-faire. Petit à petit, l'État intervient tout de même: il entreprend des travaux publics pour procurer des emplois aux chômeurs; il endosse — très modérément sous Taschereau et davantage avec Duplessis — des programmes de colonisation; enfin, il soutient directement les plus démunis. Mais toutes ces interventions, d'ailleurs bien insuffisantes, sont légitimées uniquement comme des palliatifs à la Crise. Ces dérogations à l'orthodoxie libérale sont perçues comme temporaires. Tout devra revenir à la normale quand la dépression sera terminée. De la même façon, quoique la Crise amène des déficits budgétaires, l'idéal administratif demeure celui de l'équilibre des revenus et des dépenses.

Il faut se rappeler que, s'ils critiquent le système libéral, les traditionalistes et la plupart des nationalistes ne veulent pas d'une plus grande intervention permanente de l'État. Dans *Le Devoir*, en 1932, on souhaite qu'une fois le fléau passé, «le peuple canadien s'éloigne du paternalisme gouvernemental à la première occasion et que les individus retrouvent la confiance et l'ambition de leurs pères qui savaient se tirer d'affaire seuls[14].»

---

14. *Le Devoir*, 6 juin 1932, cité par Claude Larivière, *Crise économique et contrôle social: le cas de Montréal (1929-1937)*, Montréal, Éditions coopératives Albert St-Martin, 1977, p. 244.

Il se dégage une sorte d'unanimité contre l'«étatisme». Malgré la Crise, c'est encore l'époque de l'assistance sociale où l'État ne fait que soutenir la charité privée. Tant le libéralisme que le cléricalisme s'écartent de la sécurité sociale, c'est-à-dire l'acceptation que le bien-être d'une population n'est pas uniquement une responsabilité individuelle, mais constitue une responsabilité collective assumée par l'État.

Ce point de vue ressort nettement de la presse à grand tirage. Cette orthodoxie libérale classique est diffusée dans *La Presse* et *La Patrie, Le Soleil, The Montreal Daily Star* et *The Gazette*, et dans d'autres journaux à tirage moindre, comme *Le Canada, L'Ordre, Le Jour*. On trouve une presse de même obédience à Sherbrooke, à Hull, à Trois-Rivières, à Saint-Hyacinthe et à Sorel.

Souvent liée au Parti libéral, cette presse exprime en même temps le point de vue des milieux d'affaires tant francophones qu'anglophones. Elle ne décrit pas le système capitaliste et libéral comme étranger aux Canadiens français. Au contraire, c'est le monde dans lequel il faut s'insérer davantage et qu'il faut préserver à tout prix. La démocratie parlementaire libérale lui convient et elle rejette le totalitarisme fasciste ou communiste. *La Presse* approuve Taschereau qui résiste

> *à la tendance de faire intervenir l'État partout et en tout temps. [...] Le gouvernement,* déclare-t-elle, *embrassant moins, pourra mieux s'acquitter de ses devoirs et il coûtera moins cher aux contribuables, tandis que l'initiative particulière pourra s'exercer sans entraves inutiles et favoriser ainsi le progrès*[15].

Oui, le «progrès», en 1934, et toujours le même...

---

15. *La Presse*, «Socialisme d'État», 21 février 1934, cité par Claude Couture, *Le mythe de la modernisation du Québec. Des années 1930 à la Révolution tranquille*, Montréal, Éditions du Méridien, 1991, p. 97.

Lorsque le gouvernement fédéral du conservateur R. B. Bennett, à la suite du *New Deal* américain de Roosevelt, proposera un programme de mesures sociales comportant, entre autres, l'instauration de l'assurance-chômage, les libéraux (au sens du parti et au sens idéologique) seront très réticents, voire opposés à cette modification du rôle de l'État. Dans les milieux nationalistes canadiens-français, on s'y objectera aussi à cause de l'empiétement fédéral dans un champ de compétence provinciale. Défenseur de l'autonomie provinciale, Maurice Duplessis, Premier ministre du Québec à partir de 1936, concevra le rôle de l'État à la manière de ses prédécesseurs.

Il y a pourtant une nouvelle manière de concevoir le rôle de l'État. Mais c'est surtout au niveau du gouvernement fédéral que l'on trouve plusieurs hauts fonctionnaires adeptes des théories de l'économiste britannique John Meynard Keynes. Fini le laissez-faire du libéralisme classique. Dans l'intérêt même de la propriété privée, les gouvernements doivent intervenir pour préserver l'équilibre économique, contrer les crises, maintenir l'emploi et le pouvoir d'achat des consommateurs. Cette orientation keynésienne, qu'on appellera ici néolibéralisme, s'accompagne chez certains d'une préoccupation de justice sociale; l'État devrait alors assumer la responsabilité d'une redistribution un peu plus équitable des richesses. Cette nouvelle formulation du libéralisme est donc à la fois sociale et économique.

On peut déceler dans le gouvernement provincial du libéral Adélard Godbout certains signes de cette nouvelle tendance, mais, en 1944, son successeur Maurice Duplessis rejette carrément cette évolution.

Duplessis, un libéral? Même au sens classique du terme, l'expression peut étonner et sans doute est-elle un peu forcée. Elle s'applique pourtant à sa conception du rôle de l'État et de l'organisation économique, ce qui constitue un noyau idéologique important. La prospérité et le progrès (l'Union nationale s'en fait tout autant le chantre) passent par le laissez-faire, ce qui n'exclut pas la générosité de l'État : faibles redevances pour les exploitants privés (et souvent étrangers) des richesses naturelles, exemptions de taxes et privilèges nombreux. L'Union nationale reste imperméable au nationalisme économique, conformément à la logique libérale où l'individu l'emporte sur la collectivité. Aucune valeur ne semble plus importante que celle de la propriété privée et son épanouissement dans la recherche du profit maximum. L'organisation sociale y est subordonnée et une bonne part de l'antisyndicalisme de Duplessis s'explique par la volonté d'assurer le confort des propriétaires en maintenant la loi et l'ordre.

Il apparaît évident, par ailleurs, que Duplessis ne favorise aucunement le développement d'une société rurale. En fait, parce qu'il ne conçoit pas qu'un gouvernement puisse intervenir dans le développement, le planifier et l'orienter, Duplessis laisse s'étendre la société industrielle et la société de consommation. Les accents ruralistes de Duplessis s'interprètent plutôt dans le cadre de l'électoralisme. Utilisant systématiquement le patronage, qu'elle n'a d'ailleurs pas inventé, l'Union nationale garde l'appui du monde rural. Bien garnie par les bénéficiaires des contrats gouvernementaux, la caisse électorale des «bleus» est utilisée généreusement et sans vergogne en période d'élections. C'est aussi dans ces seules années que le gouvernement s'autorise des déficits, alors qu'il demeure habituellement fidèle à l'orthodoxie de l'équilibre budgétaire.

Et l'Église catholique dans tout ça ? En se liant à Duplessis, la fraction la plus traditionnelle du clergé scelle son destin : la critique du duplessisme englobera celle de l'Église. En attendant, si cette dernière peut maintenir son emprise sur ce qu'on appelle maintenant les affaires sociales, c'est que Duplessis — comme un libéral d'une autre époque — maintient que ce domaine relève essentiellement de la charité privée. Le gouvernement peut soutenir paternellement cette philanthropie réservée aux plus démunis, mais là s'arrête sa responsabilité. C'est d'abord aux individus de s'occuper d'eux-mêmes.

Duplessis refuse donc la conception de l'État providence qui émane du néolibéralisme… et d'Ottawa. Il s'oppose tout autant aux mesures sociales qu'aux mesures économiques proposées par les néolibéraux. En ces matières, son libéralisme désuet se couvre de l'autonomie provinciale. Contrer la progression de la centralisation fédérale, c'est, bien sûr, consolider le pouvoir duplessiste à Québec. C'est aussi, disent les nationalistes, préserver l'espace de développement de la culture et de la nation canadiennes-françaises. Cependant, Duplessis, qui dote la province du drapeau fleurdelysé, ne semble pas avoir d'autre projet d'avenir pour cette nation que le statu quo et la poursuite des traditions.

Le nationalisme duplessiste se subordonne à un individualisme libéral qu'on pouvait déjà qualifier de conservateur au XIXe siècle, mais, dans les années 1950, cet anachronisme se mérite sans doute l'étiquette d'ultra-conservatisme. En outre, le chef de l'Union nationale est un personnage autoritaire, populiste et peu démocratique. La liberté d'expression ne fait pas partie de ses valeurs, comme peuvent le constater les communistes, les Témoins de Jéhovah et un peu tous les adversaires du régime, qui deviennent de plus en plus nombreux.

Face à cette forme de libéralisme de plus en plus rétrograde, la critique monte, en effet, dans divers milieux. De nouveaux courants émergent et dessinent l'orientation de la société québécoise d'après 1960. Divers groupes sont insatisfaits de l'organisation économique et sociale, de même que de leur place dans le réseau des pouvoirs; parmi eux, les intellectuels, journalistes et universitaires, le milieu syndical et aussi une partie du monde patronal. Leurs critiques sont diverses, parfois ponctuelles, parfois globales, mais elles s'orientent finalement dans la même direction néolibérale.

Les intellectuels nationalistes se démarquent d'abord. Les nouvelles figures sont maintenant André Laurendeau et Gérard Filion. Avec d'autres de leur génération, ils luttent contre le blocage de la société québécoise provoqué par le libéralisme désuet de Duplessis (que, bien sûr, à l'époque, on appelle conservatisme) et le traditionalisme de l'Église officielle. Sensibles aux droits des travailleurs et travailleuses, ils proposent une acceptation réelle du syndicalisme et un cadre légal plus juste pour les relations entre capital et travail ; ils favorisent des mesures de sécurité sociale ; ils réclament une réforme de l'éducation pour accroître la scolarisation générale, pour remodeler les programmes et améliorer la formation des enseignants et enseignantes, mais aussi pour développer l'enseignement supérieur et mettre de l'ordre dans la structure d'ensemble. Et c'est pour doter l'État provincial des moyens d'implanter ces réformes qu'ils endossent la lutte de Duplessis pour l'autonomie provinciale, et non pour maintenir un système politique abusif et périmé. Ainsi, ils sont les premiers critiques du duplessisme, régime asservi, disent-ils, au capitalisme étranger et dont ils dénoncent le laissez-faire social et économique.

Ce nationalisme nouvelle facture accorde un rôle neuf à l'État, celui de l'État providence préoccupé de justice sociale, mais aussi celui de l'État des Canadiens français. N'allons pas croire cependant qu'il s'agit déjà de l'indépendantisme. Accroître le potentiel politique du Québec pour en faire un moyen de développement des Canadiens français se conçoit dans les années cinquante dans le cadre d'un fédéralisme décentralisé.

Dans cette floraison néolibérale et laïcisante, on trouve aussi la revue *Cité libre* dont on a par la suite exagéré l'importance et, surtout, la singularité. Les «citélibristes» donnent parfois l'impression de se croire les premiers Québécois à découvrir la démocratie et le libéralisme. En fait, comme plusieurs autres dans les années cinquante, les «citélibristes» luttent contre la démocratie assez pitoyable de Duplessis et contre les traditionalistes cléricaux qui s'y acoquinent. Ils condamnent l'autoritarisme et dénoncent la vétusté du système d'éducation qui bloque le sens critique et la créativité. Sans être antireligieux, bien au contraire, ils revendiquent cependant une société laïque et pluraliste. Au nom de la liberté de l'individu, et pour soulager les inégalités sociales et économiques, il faut promouvoir un État rationnel, efficace et interventionniste. Finalement, les «citélibristes» sont très proches des néonationalistes... sauf sur la question nationale.

À cet égard, *Cité libre* semble incapable d'imaginer autre chose que le nationalisme traditionaliste dont la revue déplore les effets sclérosants dans la société canadienne-française. Ainsi, toute expression nationaliste devient carrément condamnable, fascisante et incompatible avec la démocratie et la liberté individuelle. Sur le plan constitutionnel, cette position se traduit par une option nette en faveur du fédéralisme canadien.

Les intellectuels rejoignent également le mouvement syndical. En butte au duplessisme, les syndicats catholiques évoluent eux aussi, tout comme les syndicats internationaux, vers le néolibéralisme.

Les milieux d'affaires sont tout autant désireux de prendre part aux débats de société. Ils se dotent de nombreuses et actives associations durant les années cinquante. Par exemple, les petits industriels catholiques se regroupent dans l'Association professionnelle des industriels (API). Très proches de Duplessis, fréquemment invité à leur congrès annuel, ces patrons restent accrochés à la même forme de libéralisme. Ils endossent l'anticommunisme et se montrent effrayés par la puissance syndicale et par tout ce qui paraît menacer la liberté de l'entreprise individuelle, en particulier celle des petites entreprises. En gros, le meilleur gouvernement semble encore celui qui intervient le moins possible. Toutefois, vers la fin de la décennie, sans devenir plus sensibles aux questions sociales, les industriels de l'API changent d'avis en ce qui a trait au domaine économique, si l'on en juge par cet extrait d'un discours de leur président en 1959:

> *Il faut que l'État provincial se rende compte une bonne fois de ses responsabilités économiques, qu'il mesure la puissance de ses moyens d'action. Il importe qu'il s'engage résolument dans une planification économique qui n'est aucunement la prise en charge par l'État de l'activité éco-*

nomique, mais uniquement l'élaboration d'un plan direc-
teur qui nous éloignera de la politique de l'à-peu-près que
nous avons suivie jusqu'à maintenant[16].

La Chambre de commerce de la province de Québec double le nombre de ses adhérents entre 1945 et 1960, moment où elle regroupe 184 chambres locales. Plus diverse et plus large que l'API, elle partage avec cette dernière le projet de promouvoir les intérêts des hommes d'affaires et, en même temps, d'améliorer leurs compétences. Les congrès de la Chambre s'intéressent à une foule de sujets: questions économiques, comme le «défi industriel du Québec», le tourisme, l'inflation ou le libre-échange, mais aussi questions politiques et sociales. «Éducation, un placement?», tel est le thème, éloquemment formulé, du congrès de 1948. Cette préoccupation ne fait que s'accentuer par la suite et la Chambre se joint au concert de critiques à l'endroit de ce que Duplessis persiste à désigner comme «le meilleur système d'éducation au monde». Au sujet des relations fédérales-provinciales, la Chambre penche du côté de l'autonomie provinciale. Étant donné le nouveau rôle qu'elle confie de plus en plus au gouvernement provincial, il ne faut pas laisser le gouvernement central accaparer les ressources fiscales. À Montréal, les marchands et industriels qui fréquentent leur Chambre de commerce deviennent graduellement sensibilisés à un discours non seulement néolibéral mais aussi néonational.

En fin de compte, même si ses préoccupations sont davantage économiques que sociales, une partie du monde patronal entend, elle aussi, renouveler la fonction de l'État québécois, le nouvel instrument de son développement. Le vieux libéralisme a vécu.

ÉPILOGUE

À la fin des années cinquante, émanant de milieux divers, une société neuve se dessine, «moderne», dira-t-on,... comme on l'a dit

---

16. Cité par Jean-Louis Roy, *op. cit.*, p. 174.

au début du siècle. L'État québécois reçoit des attributions majeures: il devra s'occuper de la santé et de la famille, de l'habitation, de l'enfance et de la vieillesse, de l'éducation et de la culture, des relations de travail et de la planification du développement économique. Ce réaménagement modifie profondément les places et rôles des acteurs sociaux. On évoque souvent la montée d'une nouvelle classe moyenne canadienne-française, fière de ses savoirs et compétences, et ravie de supplanter les anciennes élites.

Au sein de ces nouvelles élites, on trouve le monde des affaires, un monde où les francophones s'affirment de plus en plus. Parmi les multiples facteurs qui expliquent cette floraison, il faut certainement compter l'intervention de l'État, notamment l'aide au financement et les politiques d'achat. Comme durant les décennies antérieures, mais avec encore plus de vigueur, les gens d'affaires se rassemblent dans de nombreuses associations. Aux côtés des chambres de commerce, le Centre des dirigeants d'entreprise joue un rôle important. À partir de 1969, sans remplacer les autres regroupements, le Conseil du patronat s'impose comme porte-parole de la communauté d'affaires et diffuse un discours axé sur la concertation entre patrons, syndicats et gouvernements. Les périodiques destinés aux gens d'affaires sont également fort dynamiques.

En dépit d'un large consensus autour du néolibéralisme, les débats sociaux sont encore vifs. Tout va trop vite ou tout va trop lentement. Néanmoins, de réforme en réforme, la société est entraînée petit à petit vers une démocratie relativement plus égalitaire. Une question envahit pourtant les débats de société jusqu'à la polarisation: le nouvel État des Québécois — comme ils se désignent désormais — sera-t-il un État national? À l'évidence, les hommes et, maintenant, les femmes d'affaires n'aiment pas les bouleversements politiques. Ce milieu, ou du moins ses porte-parole désignés, sera ainsi en majorité fédéraliste, sans être totalement partisan du statu quo. Pourtant, à partir des années 1980, un déplacement semble se produire: les fédéralistes déçus se multiplient, les craintes diminuent et l'indépendance du Québec n'est plus une hérésie dans ce milieu.

Une histoire à suivre et dont le développement s'inscrira dans un nouveau contexte, tant économique qu'idéologique. Durant les années 1980, le consensus autour du néolibéralisme paraît s'effriter. Il faut retourner à l'entreprise privée, dit-on, réduire la taille de l'État et, en particulier, son déficit, ce qui amène de plus en plus à remettre en question l'universalité des programmes sociaux et à vouloir diminuer leur qualité.

Gageons pourtant que ce n'est pas le vieux libéralisme qui renaît, mais plutôt une nouvelle configuration de valeurs, adaptée vaille que vaille à la société québécoise actuelle. Gageons aussi, mais c'est plus facile, que les hommes et les femmes d'affaires auront encore leur mot à dire dans l'élaboration de ces valeurs.

Marcel Lizée fit son cours classique au collège de Gravelbourg, en Saskatchewan, puis des études en droit à l'Université de Montréal. Admis au barreau du Québec en 1955, il pratiqua le droit quelques années. En 1964, il joignit l'équipe dirigeante d'une société de fiducie en fondation, la Fiducie du Québec — maintenant la Fiducie Desjardins — dont il fut tour à tour conseiller juridique, secrétaire, directeur des succursales puis directeur général. Il assuma ensuite, pendant quelques années, la direction générale d'une fédération de caisses populaires. En 1981, il quitta ces postes administratifs pour se consacrer à la recherche et à l'enseignement, comme professeur de sciences administratives, à l'UQAM. Tout en donnant son enseignement, il entreprit des études supérieures; il fit donc une maîtrise puis un doctorat en droit. Son mémoire de maîtrise portait sur les multinationales et sa thèse de doctorat sur la responsabilité sociale des sociétés commerciales. Marcel Lizée est l'auteur de plusieurs articles concernant le droit corporatif et l'éthique des affaires.

BIOGRAPHIE

LES VALEURS SOCIALES ET L'ENTREPRISE

MARCEL LIZÉE

INTRODUCTION

Le présent volume, consacré à l'étude des valeurs de l'entreprise, nous amène à nous interroger sur les valeurs que celle-ci doit considérer dans ses prises de décision[1]. Il existe une école de pensée voulant que l'entreprise privée soit de nature amorale[2] et qu'en conséquence, elle ne soit soumise qu'à une seule valeur : la recherche du profit. Le professeur Richard T. De George, de l'Université du Kansas, appelle cette approche « le mythe de l'entreprise amorale »[3]. Les gens d'affaires qui adhèrent à ce point de vue ne nient pas qu'il existe des valeurs morales, ils estiment tout simplement que celles-ci ne concernent pas le domaine des affaires[4].

Ce chapitre a pour objet d'étudier deux aspects de cette question. Nous examinerons d'abord l'idéologie de « l'entreprise amorale », cette vision prétendant que le milieu des affaires échappe aux considérations morales. L'examen de cette question nous amè-

---

1. Ce chapitre est un abrégé d'un article de l'auteur intitulé « L'Éthique des affaires et la responsabilité sociale de l'entreprise », qui doit paraître au printemps 1995 dans la revue *Ethica*.

2. Il faut distinguer entre « moral », « amoral » et « immoral » ; voir à ce sujet notre article intitulé « La responsabilité sociale en regard du droit et de la morale », *Ethica,* vol. 6, n° 9, 1994, p. 89.

3. Richard T. DE GEORGE, *Business Ethics*, New York, Macmillan, 1990, p. 3.

4. *Ibid.*, « They simply feel that business is not expected to be concerned with morality », écrit l'auteur.

nera à constater qu'il s'agit vraiment d'un mythe et que les dirigeants d'entreprises contractent, dans leurs décisions d'affaires, les
mêmes obligations morales que les autres membres de la société.
Cette conclusion nous conduira à vérifier quelles sont plus précisément les obligations qui découlent de cet engagement social de
l'entreprise.

L'IDÉOLOGIE DE L'ENTREPRISE AMORALE

1. LE LIBÉRALISME

On ne peut comprendre le problème que soulève le présent débat
si on n'a pas au départ une idée de la philosophie du libéralisme,
cette idéologie qui a tant marqué notre monde occidental[5].

Le libéralisme est une doctrine à la fois sociale, politique et
économique qui met l'accent sur la liberté individuelle et considère que l'État doit réduire au minimum sa réglementation de la
vie sociale et économique[6]. Cette doctrine rejoint donc l'idéal d'une
« **déjuridicisation de la société** »[7]. Elle estime que l'État ne doit
surtout pas intervenir dans le domaine économique, car il existe un
régulateur naturel beaucoup plus efficace qui est le système du
marché. Le libéralisme préconise donc la règle du « **laissez-faire** »,

---

5. Voir G. BURDEAU, *Libéralisme*, Paris, Seuil, 1979 ; M. FLAMANT, *Le libéralisme contemporain*, Paris, P.U.F., coll. Que sais-je, 1988 ; A. VACHET, *L'idéologie libérale*, Ottawa, Presses Universitaires. d'Ottawa, 1988 ; William D. GRAMP, *Economic Liberalism*, New York, Random House, 1965.

6. L.M. MORFAUX, *Vocabulaire de la philosophie et des sciences humaines*, Paris, A. Colin, 1980, au mot « libéralisme ».

7. Jean Carbonnier, juriste français, écrit que la Révolution française, sous l'influence de Rousseau, était « persuadée que l'abondance des lois était la marque d'une civilisation corrompue, et que le retour à l'âge d'or se ferait par une déjuridicisation de la société ». Jean CARBONNIER, *Flexible droit*, Paris, L.G.D.J., 1983, p. 14.

afin de laisser libre cours, dans les décisions d'affaires, au méca-nisme régulateur de l'offre et de la demande.

La philosophie libérale s'appuie sur l'approche individualiste qui, partant du fait incontestable que l'intérêt personnel forme le principal mobile qui guide nos actions, soutient que c'est en consé-quence la recherche par chacun de son intérêt personnel qui con-duit, comme par une main invisible, au bien commun. C'est la thèse bien connue d'Adam Smith (1723-1790)[8].

Certains poussent toutefois l'individualisme jusqu'à concevoir le bien commun comme la somme des intérêts particuliers. Pour Jeremy Bentham (1748-1832), philosophe et juriste anglais, il n'y a même pas d'intérêt général, mais uniquement une somme d'intérêts individuels[9], ce qui laisse entendre que l'intérêt personnel de chacun

---

8. Adam SMITH, *Recherches sur la nature et les causes de la richesse des nations*, Paris, Gallimard, 1976, livre IV, ch. II, p. 252 : «Chaque individu met sans cesse tous ses efforts à chercher, pour tout le capital dont il peut disposer, l'emploi le plus avantageux : il est bien vrai que c'est son propre bénéfice qu'il a en vue, et non celui de la société ; mais les soins qu'il se donne pour trouver son avantage personnel le conduisent naturellement, ou plutôt nécessairement, à préférer ce genre d'emploi même qui se trouve le plus avantageux à la société.». Il ajoute à la page 256 : «À la vérité, son intention en général n'est pas en cela de servir l'intérêt public, [...] il ne pense qu'à son propre gain ; en cela, comme dans beaucoup d'autres cas, il est conduit par une main invisible à remplir une fin qui n'entre nullement dans ses intentions [...] Tout en ne cherchant que son intérêt personnel, il travaille souvent d'une manière plus efficace pour l'intérêt de la société, que s'il avait réellement pour but d'y travailler.»

9. Jeremy BENTHAM, *An Introduction to the Principles of Morals and Legislation*, par J.H. Burns et H.L.A. Hart, London, Methuen, 1982 ; voir sur sa pensée Mohamed Abd-El-Hadi EL SHAKANKIRI, *La philosophie juridique de Jeremy Bentham*, Paris, L.G.D.J., 1970. Voir également l'analyse de François RANGEON, *L'idéologie de l'intérêt général*, Paris, Economica, 1986, p. 160 et s.

et chacune conduit nécessairement au bien commun[10]. La responsabilité sociale se résumerait alors pour chacun à poursuivre son
intérêt personnel. Cette approche a considérablement miné la
pratique de la moralité[11]. Un auteur anglais fait d'ailleurs remarquer:
«It is indeed remarkable how the Liberal society has taken area
after area of social life out of the *jurisdiction of morality*[12]».

Mais c'est surtout le secteur des affaires qui a été touché par
cette philosophie du laissez-faire éthique; il en est résulté une
«morale de commerçant», écrit René Le Senne[13], qui a fait de
l'intérêt personnel et du profit les seuls critères valables pour
évaluer la pertinence d'une décision d'affaires.

Cette tendance à rejeter toute règle morale dans les transactions d'affaires et à se laisser guider uniquement par le critère du
profit est appelée par plusieurs «**l'éthique du profit**»[14]. Milton

---

10. Un économiste moderne, F.A. Hayek, va jusqu'à dire que l'idée de l'intérêt
commun est inutile, non fondée et dangereuse. F. A. HAYEK, *Droit, législation et liberté*, trad. R. Audoin, vol. 2, Paris, P.U.F., p. 1-35. Sur cette question, voir aussi F. RANGEON, *ibid.*, p. 165.

11. N.A. BOWIE, «The Paradox of Profit», dans N.Dale WRIGHT, éd., *Papers
on the Ethics of Administration*, Provo, Utah, Brigham Young University,
1988, p. 97. L'auteur dit à la p. 101: «... showing that morality is in the
interest of society is one thing; to show that morality is always in the interest
of each member of society is quite another», énoncé qui fait ressortir que
l'intérêt collectif ne correspond pas toujours à l'intérêt individuel.

12. Bhirkhu PAREKH, «Liberalism and Morality», dans Bhirkhu PAREKH &
R.N. BERKI, *The Morality of Politics*, London, George Allen & Unwin Ltd,
1972, p. 85.

13. R. Le SENNE, *Traité de morale générale*, Paris, P.U.F., 1961, p. 392.

14. Thomas A. PETIT, *The Moral Crisis in Management*, New York, McGraw-
Hill, 1967, p. 3. L'auteur écrit à la note 3: «The profit ethic [...] implies that
the only motive of the businessman is profit maximization. It does not allow
other motives to coexist».

Friedman, économiste américain et prix Nobel, soutient que la responsabilité sociale de l'entreprise ne se limite qu'à une seule chose : accroître ses profits[15]. Theodore Levitt, un autre économiste américain, croit également que pour toute entreprise, une chose est bonne seulement si elle est payante : « The governing rule in industry should be that something is good if it pays. Otherwise, it is alien and impermissible. This is the rule of capitalism[16] ». C'est ce critère du profit, disent ces économistes, qui a conduit nos entreprises vers leur haut niveau de productivité et qui a élevé le standard de vie des pays industrialisés[17].

On préconise donc un double standard de moralité, l'un pour la vie sociale, l'autre pour le monde des affaires. Ceci rejoint un autre postulat du libéralisme voulant que le corps social se partage en deux secteurs : le domaine politique et le domaine économique, et certains vont jusqu'à prétendre que le monde des affaires doit jouir d'une parfaite autonomie par rapport au secteur politique. « Government exercises political sovereignty, the corporation economic sovereignty », écrit A.S. Miller, un professeur de droit, dans une revue américaine en 1960[18].

---

15. Milton FRIEDMAN, « The Social Responsability of Business is to Increase its Profits », *New York Times Magazine*, 13 sept. 1970, reproduit dans L. BEAUCHAMP & NORMAN E. BOWIE, éd., *Ethical Theory and Business*, 3ᵉ éd., Englewood Cliffs, Prentice-Hall, 1988, p.87. M. Friedman écrit également : « Few trends could so thoroughly undermine the very foundations of our free society as the acceptance by corporate officials of a social responsibility other than to make as much money for the stockholders as possible », M. FRIEDMAN, *Capitalism and Freedom*, Chicago, The University Press, 1962, p. 133.

16. Theodore LEVITT, « The Dangers of Social Responsibility », *Harvard Business Review*, 1958, vol. 36, n° 5, p. 48.

17. Ce haut standard s'est peut-être réalisé en hypothéquant l'avenir ou en transférant certains coûts au corps social. Voir *infra*, p. 94.

18. Arthur S. MILLER, « The Corporation as a private Government in the World Community », *Virginia Law Review*, 46, 1960, p. 1558.

2. L'IDÉOLOGIE DE L'ENTREPRISE PRIVÉE

Certains considèrent que cette séparation des champs social et économique est consacrée par la distinction juridique traditionnellement faite entre droit public et droit privé. Cette distinction classique s'appuyait sur la philosophie du contrat. Alors que c'est l'intérêt individuel des contractants qui forme la base du droit privé, le droit public se réfère, lui, à l'intérêt de la collectivité[19].

C'est en partant de cette distinction que s'est formée l'idéologie de l'entreprise privée, effectuant une coupure entre l'intérêt public et l'intérêt personnel. On a longtemps considéré que le fondement de l'entreprise privée consistait dans la prérogative de se laisser guider uniquement par son intérêt personnel, laissant à l'État le soin de vaquer à l'intérêt public et à la protection des valeurs sociales. Cette vision était tellement ancrée dans les mœurs que les partis socialistes ont cru pendant longtemps qu'il fallait nationaliser l'entreprise pour la soumettre aux considérations de l'intérêt public[20].

Cette vision du caractère amoral de l'entreprise privée ne tarda pas à être contestée; on en voit une manifestation dans un fameux débat qui s'est déroulé aux États-Unis, au cours des années 1931-1932, entre deux universitaires, A.A. Berle, professeur de droit à l'Université Columbia, et E.M. Dodd, professeur de droit à l'Université Harvard, dans une série d'articles publiés dans la *Harvard Law Review*. Le professeur Berle réaffirmait la vision

---

19. Voir G. RIPERT, *Le déclin du droit*,Paris, L.G.D.J., 1949, p. 37 et s. En *Common Law*, voir Breck P. McALLISTER, «Lord Hale and Business Affected with a Public Interest», *Harvard Law Review*, 43, 1929-1930, p. 759.

20. K. KATZAROV, *The Theory of Nationalisation*, The Hague, Martinus Nijhoff, 1964, p. 25: «[I]n dealing with nationalisation, we speak of the State or the community acquiring the means of production in order that they may be utilised in the general interest and no longer in the individual interest».

traditionnelle qui confinait le rôle de la société commerciale à la seule recherche de l'intérêt des actionnaires[21], alors que le professeur Dodd soutenait que l'entreprise devait également prendre en considération l'intérêt public:

> *Business is permitted and encouraged by law primarily because it is of service to the community rather than because it is a source of profit to its owners... the law is approaching a point of view which will regard all business as affected with a public interest[22].»*

Cette approche du professeur Dodd paraissait tellement inconcevable pour le professeur Berle qu'il la qualifiait de subversive: «This is an invitation not to law, but to a process of economic civil war», disait-il[23].

3. CRITIQUE DE L'ÉTHIQUE DU PROFIT

On réalise aujourd'hui que cette coupure entre intérêt public et intérêt privé mène à une impasse et que les relations contractuelles privées doivent prendre en considération et respecter les exigences de l'intérêt public[24]. Il est en effet inconcevable que

---

21. A.A. BERLE, Jr., «Corporate Powers as Powers in Trust», *Harvard Law Review*, 44, 1930-1931, p. 1049.

22. E.M. DODD, «For Whom are Corporate Managers Trustees», *Harvard Law Review*, 45, 1932, p. 1149.

23. A.A. BERLE, Jr., «For Whom are Corporate Managers Trustees: A Note», *Harvard Law Review*, 45, 1932, p. 1369. On peut lire sur ce débat J.L. WEINER, «The Berle-Dodd Dialogue on the Concept of the Corporation», *Columbia Law Review*, 64, 1964, p. 1458.

24. M. CLARK, *Alternative to Serfdom*, A.A. Knopf, 1948, cité par C.C. WALTON, *Corporate Social Responsibilities*, Belmont, Wadsworth, 1967, p. 90: «For some hundred and seventy years we have deluded ourselves with the idea that irresponsible self-interest could organize a community in which men not only could progress, but could live in dignity and harmony while doing it.» Voir également G.RIPERT, *op.cit.*, note 19.

l'entreprise n'ait pas à se soucier de l'intérêt collectif, car elle est une entité qui a tellement d'impact sur la vie des gens, qu'elle ne peut se désintéresser des répercussions de ses agissements sur son environnement[25].

Cette vision idéologique de l'entreprise privée n'est plus retenue par le droit et on en voit des manifestations dans les nombreuses interventions du législateur sur les plans de la protection du consommateur et de la protection de l'environnement, ainsi qu'en ce qui a trait aux lois du travail. Un jugement américain déclare:

> ... *modern conditions require that corporations acknowledge and discharge social as well as private responsibilities as members of the communities within which they operate*[26].

Même le professeur Berle se rallia quelques années plus tard à l'idée que l'entreprise est soumise à l'intérêt public[27].

Les adeptes de l'éthique du profit rétorquent que l'entreprise privée travaille dans l'intérêt public; sa recherche du profit constitue pour celle-ci le meilleur moyen de contribuer au bien-être de la collectivité. Mais le problème n'est pas là: peu de gens contestent l'importance du profit pour la survivance de l'entreprise et l'apport de ce profit au bien-être de la société; mais comment peut-on croire que la recherche inconsidérée du profit conduit **nécessairement** au bien de la collectivité? On conteste donc le principe que l'intérêt individuel mène inéluctablement au bien commun. Émile Durkheim fait remarquer que si l'intérêt collectif «n'est que la somme des intérêts individuels», l'intérêt collectif devient alors «lui-même amoral»[28]. Un auteur écrit:

---

25. Tout pouvoir entraine responsabilité, voir *infra*, p. 92.

26. *A.P. Smith Mfg Co.* c. *Barlow*, (1953) 98 A.2d 581, p. 586.(N.J. Sup.C.). Appel rejeté, (1953) 346 U.S. 861.

27. A.A. Jr., BERLE, «Foreword», dans E.S. MASON, éd., *The Corporation in Modern Society*, New York, Atheneum, 1966, p. xii.

28. E. DURKHEIM, *L'éducation morale*, Paris, P.U.F. 1963, p. 51 et s.

*It is no longer widely believed that if individuals [...]
pursue self interest the best overall social result inevitably
will be produced. We recognize that there are conflicts
between private and public goals. In conducting his
professional affairs the businessman, like the senator,
general, and bishop, is expected to consider the public
interest ahead of his private interest if they are not the
same. Few people still believe that the businessman
necessarily furthers social economic welfare by making
as much money as possible[29].*

Le principe d'une double moralité est en effet difficilement
acceptable. Si la règle morale vise le bien commun, cette règle
devrait s'adresser aussi bien aux individus qu'aux entreprises[30].
Plusieurs auteurs font remarquer qu'on ne peut se permettre de
compartimenter ainsi le comportement moral; Peter F. Drucker
écrit:

*There is only one ethics, one set of rules of morality, one
code, that of individual behavior in which the same rules
apply to every one alike[31].*

Il faut également signaler qu'Adam Smith n'a jamais prôné
l'application d'une double moralité; on a mal interprété sa pensée.

---

29. T.A. PETIT, *supra*, note 14, p. 5 et s.

30. Peter F. Drucker écrit: «Friedman's pure position - to eschew social
responsibility - is not tenable...». P.F. DRUCKER, *Management: Tasks,
Responsibilities, Practices*, New York, Harper & Row, 1974, p. 349. Voir
également Irving S. SHAPIRO, *America's Third Revolution: Public Interest
and the Private Role*, N.Y., Harper & Row, 1984.

31. Peter F. DRUCKER, «What is «Business Ethics?», *Public Interest*, 63, 1981,
p.19. Dans le même sens: Alex C. MICHALOS, «Moral Responsibility in
Business», dans Deborah C. POFF & Wilfrid J. WALUCHOW, éd., *Business
Ethics in Canada*, Scarborough, Prentice-Hall, 1987, p. 12.

Il faut se rappeler qu'il était professeur de philosophie morale[32]; il percevait la force motrice de l'intérêt personnel, mais il estimait que tout en recherchant son propre avantage, chacun devait tout de même le faire dans le respect de l'intérêt public et des valeurs sociales[33], sinon c'est la négation de toute moralité.

Tout pouvoir entraine responsabilité. Or, l'entreprise est une institution dont les pouvoirs affectent considérablement la vie des gens. Elle ne peut en conséquence exercer ces pouvoirs sans se soucier de leurs répercussions sociales. Il faut en conclure, disent deux auteurs américains, Keith Davis et Robert L. Blomstrom, que les gens d'affaires

> *cannot withdraw into isolation and avoid the issues of social responsibility and social response. Neither can they claim that business is amoral and exempt from considerations of responsibility. The simple fact is that business is a major social institution, and as such it is importantly involved in social values*[34].

---

32. Il a même écrit un ouvrage sur le sujet en 1790: Adam SMITH, *The Theory of Moral Sentiments*, 1790.

33. Adam SMITH, *supra*, note 8, soumet que chaque personne devrait être libre, en affaires, d'agir à sa guise «en autant qu'elle respecte les règles de la justice».(C'est nous qui soulignons.) Des chercheurs ayant fait l'étude comparative des deux livres d'Adam Smith, M*oral Sentiment* et *Wealth of Nations*, en viennent à la conclusion que «the apparent contradiction between the morality of the first book and the self-interest of his second book has been effectively resolved in favor of Smith's moral philosophy», écrit D.K. HART, «The Sympathetic Organization», in N.Dale WRIGHT, *supra*, note 11, p. 91. Il réfère à sa note 7 à G.R. MORROW, *The Ethical and Economic Theories of Adam Smith*, 1923, réimprimé en 1969 par Augustus M. Kelley, Clifton, N.J.

34. Keith DAVIS et Robert BLOMSTROM, *Business, Society, and Environment: Social Power and Social Response*, New York, McGraw-Hill, 1971, p. 91.

LA RESPONSABILITÉ SOCIALE DE L'ENTREPRISE

Nous avons écarté, à la section précédente, la thèse de l'entreprise amorale ; les dirigeants de celle-ci doivent, comme toutes les autres personnes, se soucier de l'intérêt public. La mission de l'entreprise demeure toujours la production de biens et de services répondant aux besoins de la population et, pour ce faire, ses moyens demeurent toujours la mise en œuvre des facteurs de production, dont notamment le capital et le travail. Le profit s'avère toujours essentiel pour assurer le fonctionnement de l'entreprise et sa pérennité, mais cette recherche du profit est un moyen et non une fin[35] et elle doit se faire dans le respect de l'intérêt public. En quoi consiste alors la responsabilité sociale de l'entreprise ?

1. LA PORTÉE DE LA RESPONSABILITÉ SOCIALE DE L'ENTREPRISE

La responsabilité sociale de l'entreprise l'astreint à trois choses. Elle doit non seulement respecter la loi et la morale[36], mais également prendre en considération les répercussions de ses agissements sur la collectivité. Cette troisième dimension de sa responsabilité atteint une portée encore plus importante en notre ère où la technologie offre des possibilités immenses, possibilités qui peuvent parfois provoquer de graves répercussions sur l'environnement humain et physique. Jusqu'ici la morale ne considérait que les conséquences relativement immédiates de nos gestes, et les conséquences à long terme étaient généralement attribuées au cas fortuit, échappant à notre responsabilité. Cependant, la technologie donne aujourd'hui la possibilité de bouleverser la nature. Cela oblige donc l'entreprise à faire preuve de beaucoup de prudence et à bien mesurer les effets secondaires et les effets à long terme que ses

---

35. La recherche du profit est normalement la fin de l'investisseur, mais non celle de l'entreprise.

36. Sur les notions de droit et de morale, voir notre article, *supra*, note 2.

agissements peuvent susciter sur l'avenir de l'espèce humaine et sur l'équilibre écologique.

L'entreprise doit non seulement agir avec prudence mais elle doit, le cas échéant, assumer tous les coûts résultant des méfaits de ses agissements. Nous nous référons ici tout particulièrement aux nombreux frais suscités par le comportement de l'entreprise et dont les coûts sont transférés au corps social. Mentionnons notamment la détérioration de l'environnement physique et les problèmes humains provoqués par le fonctionnement de l'entreprise. Ces coûts humains sont nombreux, comprenant la détérioration de la santé physique ou mentale des employés et employées, jusqu'à ceux reliés à leur mise à pied.

Les économistes se penchent présentement sur ce problème des coûts, appelés «externalités»[37], occasionnés par les agissements de l'entreprise et dont les frais sont en définitive absorbés par l'État. Cela équivaut, en pratique, à une subvention indirecte de l'État et cela a même parfois pour effet de rentabiliser une entreprise qui autrement fonctionnerait à perte. L'approche moderne tend à forcer l'entreprise à assumer tous ces coûts, à «internaliser» ces «externalités». C'est là non seulement une question de justice, mais c'est aussi le meilleur moyen de l'amener à rechercher des solutions socialement moins coûteuses. C'est ce que fait remarquer un professeur d'éthique des affaires, Manuel G. Velasquez :

[W]hen external costs are not taken into account by producers, producers ignore these costs and make no attempt to minimize them. So long as the firm does not

---

37. On entend par externalités tous les frais inhérents au fonctionnement de l'entreprise et dont le coût est reporté au corps social. Voir E.J. MISHAN, «The Postwar Literature on Externalities», *Journal of Economic Literature*, 9, 1971, p. 1. Le terme est utilisé en langue française par F. REY, *Introduction à la comptabilité sociale*, Paris, Entreprise Moderne d'Édition, 1978, p. 35. Voir sur le sujet K.W. KAPP, *The Social Costs of Private Enterprise*, New York, Schocken Books, 1971.

*have to pay for external costs, it has no incentive to use
technology that might decrease or eliminate them*[38].

2. LES LIMITES DE LA RESPONSABILITÉ SOCIALE DE L'ENTREPRISE

Jusqu'où va la responsabilité sociale de l'entreprise? Quelles sont
les limites que comporte cette responsabilité? Nous soumettons
qu'il n'y a aucune limite à son obligation de respecter la loi, et nous
proposons la même règle pour la morale.

C'est sur le plan de la prise en charge des coûts sociaux résultant des agissements de l'entreprise qu'apparaissent certaines
hésitations. Le corps social semble cependant de plus en plus
exigeant sur cette question. C'est ce que constate, au Canada, la
Commission royale d'enquête sur les groupements de sociétés dont
voici un extrait du rapport, déposé en 1978:

> *[Le public] considère [...] que l'entreprise, au-delà de ses
> responsabilités d'ordre économique, doit s'occuper des
> problèmes sociaux (qu'elle a contribué à créer pour une
> bonne part) qui existent dans la société dont elle fait partie,
> et aider à les résoudre*[39].

On a commencé à donner une portée très grande à ce principe de «prise en charge des frais sociaux», comme on l'a fait sur le
plan de la responsabilité matérielle du fabricant, comme on
s'apprête à le faire à propos des mesures à prendre pour cesser la
pollution et comme certains soumettent qu'il faudrait le faire

---

38. M.G. VELASQUEZ, *Business Ethics*, Englewood Cliffs, Prentice-Hall, 1992,
p.240. K.W. KAPP, *supra*, note 37, p. 14: «The political history of the past
150 years can be fully understood only as a revolt of large masses of people...
against the shifting of part of the social costs of production to third persons
or to society».

39. GOUVERNEMENT DU CANADA, *Rapport de la Commission royale d'enquête sur les groupements de sociétés*, Ottawa, Approvisionnement et services
Canada, 1978, p. 423. Voir remarque de K.W. KAPP, *supra*, note 37.

concernant les méfaits sociaux résultant des mises à pied et des fermetures d'usines[40].

Ces exigences ont inéluctablement pour effet de réduire les profits de l'entreprise et peuvent même en forcer certaines à fermer leurs portes. Faut-il alors donner priorité à la rentabilité de l'entreprise et au maintien de l'emploi et laisser l'État continuer à absorber ces coûts? Nous croyons que non, car la véritable efficacité de l'entreprise doit désormais se mesurer au niveau de son apport au corps social. Jusqu'à présent on a maintenu la règle de ne pas supporter les entreprises non rentables; cette règle devrait donc désormais s'étendre aux entreprises dont la rentabilité précaire repose sur le support de ces coûts sociaux par l'État. Si l'entreprise ne peut atteindre la rentabilité sociale, elle devient un fardeau pour la collectivité. Elle doit alors ou cesser ses opérations ou être transformée en entreprise publique subventionnée par l'État. Ce n'est pas le rôle de l'État de subventionner le fonctionnement de l'entreprise privée; il peut cependant accorder un délai de transition, pour permettre aux entreprises de s'ajuster aux nouvelles exigences, comme il le fait d'ailleurs présentement en ce qui concerne l'obligation des entreprises de cesser de polluer leur environnement.

Le débat le plus difficile qui s'engage présentement concerne le problème des fermetures et déplacements d'usines, car ceux-ci suscitent de profonds malaises dans la société[41]. Plusieurs États

---

40. Sur ce sujet, voir Don STILMAN, «The Devastating Impact of Plan Relocations», dans Mark GREEN, éd., *The Big Business Reader*, New York, Pilgrim Press, 1983, p.137, cité par M. VELASQUEZ, *supra*, note 38, p. 411; A.B. CARROLL, *Business and Society*, Cincinnati, South-Western, 1989, p. 325 et s., soit au chapitre 10 intitulé: «Community Stakeholders: Business and Plant Closings».

41. John P. KAVANAGH, «Ethical issues in Plant Relocation», *Business and Professional Ethics Journal*, hiver, 22, 1982, cité par A.B. CARROLL, *ibid*, p. 339.

européens ont déjà légiféré sur le sujet et plusieurs États américains s'apprêteraient à le faire[42].

Il est évident que tous ces coûts vont finalement se refléter dans le prix des produits et que c'est le consommateur qui, en définitive, en supportera la note. Mais il est certainement plus équitable de les faire supporter par l'ensemble des usagers de ces produits que par tous les contribuables. C'est le raisonnement qui a été retenu lors de l'établissement de la responsabilité matérielle du fabricant[43].

En somme, l'approche de l'éthique des affaires rejoint en quelque sorte celle de l'éthique du profit, la seule différence étant que le profit de l'entreprise doit désormais se mesurer au niveau du rendement net sur le produit national et de ses répercussions sur les membres du corps social.

Enfin, il faut signaler que pour certains, la responsabilité de l'entreprise s'étend au point de l'obliger à tenter de résoudre tous les problèmes sociaux, dont l'inflation, la pauvreté, etc.[44] Ceci nous

---

42. A.B. CARROLL, *supra*, note 40, p. 337, où l'auteur écrit que près de 40 états des États-Unis «are considering legislation that would regulate employers who close, relocate, or reduce their operations. A main thrust of many of these bills is to provide displaced employees with increased benefits — severance pay, pension benefits, continued health-insurance benefits, job retraining, job-relocation assistance, and advance notice of factory closings».

43. George VUKELICH, «Strict Products Liability Jus(ice) Out of Reach — A Comparative Canadian Survey», *University of Toronto Faculty of Law Review*, 33, 1975, p. 46. Au Québec, voir article 53 de la *Loi sur la protection du consommateur*, L.Q. 1980, P-40.1.

44. Cette question fut fortement débattue lors d'une réunion du Conférence Board, aux États-Unis, en 1971. The Conference Board, *Business Leadership in Social Change*, New York, The Conference Board, 1971. Voir F.D. STURDIVANT & J. VERNON-WORTZEL, *Business and Society*, Homewood, Irwin, 1990, p.14.

paraît une vision exagérée. Le rôle de l'entreprise consiste et se limite à produire et distribuer, **à profit**, les biens et les services dont a besoin la société. L'entreprise doit évidemment le faire dans le respect de la loi et de la morale, et sa rentabilité doit se jauger sur le plan national. Elle peut donc tenter de résoudre les problèmes sociaux pour autant que cela entre dans le cadre de sa compétence industrielle et qu'elle puisse le faire à profit[45]. Il ne faut jamais perdre de vue que l'entreprise n'est pas une œuvre philanthropique; elle est une institution dont le fonctionnement repose essentiellement sur la réalisation d'un profit suffisant pour assurer sa pérennité[46].

ÉPILOGUE

Certains auteurs estiment que la responsabilité sociale de l'entreprise comporte quatre niveaux[47]. Elle a d'abord une responsabilité économique, soit produire, au moindre coût possible, les biens et les services répondant aux besoins de la collectivité. C'est là sa raison d'être, sa mission fondamentale[48].

---

45. P.F. DRUCKER, *supra*, note 30, p. 345: «To take on tasks for which one lacks competence is irresponsible behavior».

46. La meilleure étude sur ce sujet est, à notre avis, le chapitre 25 intitulé «Social Impacts and Social Problems», du volume de P.F.Drucker, *Tasks, Responsibilities, Practices*, *supra*, note 30, p. 326-351.

47. Voir A.B. CARROLL, *supra*, note 40, p. 31. Nous nous inspirons ici de son modèle en le modifiant quelque peu.

48. P. F. DRUCKER, *supra*, note 30, écrit, p. 39: «Business enterprises...are organs of society. They do not exist for their own sake, but to fulfill a specific social purpose and to satisfy a specific need of society, community, or individual.»

Mais, par ailleurs, elle est partie intégrante du corps social, ce qui l'oblige à s'assurer que son fonctionnement tient compte de la loi et de la morale du milieu où elle fait affaire. C'est là le fondement de sa responsabilité sociale[49].

Un troisième échelon de responsabilité se situe au plan systémique ou écologique, et exige que l'entreprise prenne en considération tous les effets de ses agissements sur la collectivité et en assume les coûts. En somme, c'est à ce niveau que doit s'évaluer son véritable rendement social[50].

Enfin, on assigne également à l'entreprise une quatrième responsabilité, que certains qualifient de «discrétionnaire»[51], et qui consiste à contribuer, selon ses moyens, à diverses œuvres philanthropiques.

Nous terminons par l'extrait suivant, tiré d'un ouvrage de Peter F. Drucker, qui résume très bien la pensée de notre article:

> *Dans toute société pluraliste, la question centrale est: « Qui prendra soin du bien commun ? » La réponse traditionnelle, multiséculaire — le bien commun émergera du désordre et du choc des intérêts en conflit — est une illusion. Cela ne peut aboutir, au mieux, qu'à une impasse. Ce qu'il faut, c'est que les institutions incorporent le bien*

---

49. I.S. SHAPIRO, *supra*, note 30, signale, p. 9, qu'en dirigeant une entreprise, une personne «does not forfeit membership in the human race».

50. P.F. DRUCKER, *supra*, note 30, p. 41: «The third task of management is managing the social impacts and the social responsibilities of the enterprise. None of our institutions exists by itself and is an end in itself. Every one is an organ of society and exists for the sake of society. Business is no exception. Free enterprise cannot be justified as being good for business. It can be justified only as being good for society.»

51. A.B. CARROLL, *supra*, note 40, p. 30.

commun dans leurs propres valeurs, leurs préoccupations et leurs responsabilités. Il faut qu'elles acceptent d'assumer une responsabilité politique[52].

Quant à nous, nous utiliserions plutôt l'expression «responsabilité sociale» au lieu de l'expression «responsabilité politique» employée par l'auteur.

---

52. P.F. DRUCKER, *Les nouvelles réalités: de l'État-providence à la société du savoir*, Paris, InterÉditions, 1989, p. 111.

Originaire de la ville de Québec, **Michèle Gamache** est la détentrice d'un baccalauréat en droit de l'Université Laval ainsi que d'une maîtrise en droit de l'Université de Montréal. Membre du barreau du Québec depuis 1977, elle exerce actuellement en pratique privée, principalement dans les domaines du droit commercial, du droit du travail, du droit administratif et du droit de la propriété intellectuelle. De 1985 à 1989, elle fut membre du Centre de recherche en droit public (CRDP) de la faculté de droit de l'Université de Montréal. Au cours de cette période, elle a notamment participé aux travaux de la Commission royale d'enquête (Commission MacDonald) sur l'union économique et les perspectives de développement au Canada, de même qu'à ceux de la Commission Caplan-Sauvageau portant sur la politique canadienne de radiodiffusion. Michèle Gamache a aussi contribué au développement du secteur du droit de l'éducation. Ainsi, avec Andrée Lajoie, elle est la coauteure d'un traité intitulé *Droit de l'enseignement supérieur*. Publié en 1992, cet ouvrage a valu à ses auteures l'obtention du prix Walter-Owen 1992, octroyé par la Fondation pour la recherche juridique de l'Association du barreau canadien. Ce prix vise à souligner une contribution exceptionnelle à la doctrine

BIOGRAPHIE

BIOGRAPHIE

juridique canadienne ainsi que l'excellence en matière de recherche. Spécialiste du droit de l'enseignement supérieur, Michèle Gamache a été, pendant quelques années, la directrice du Service des affaires juridiques de l'Université Concordia. Cette expérience lui a permis de réaliser que le droit, exercé d'une manière préventive, passe incontournablement par la vulgarisation de l'information juridique.

LA MORALE ET LE DROIT DES AFFAIRES

MICHÈLE GAMACHE

INTRODUCTION

Comme tout autre domaine du droit, le droit des affaires est largement tributaire des considérations d'ordre moral de la société qui le produit. La morale n'est toutefois pas le droit et le droit n'est pas la morale. Ces concepts sont néanmoins interreliés, le droit, dans certains cas, encadrant des normes issues de la morale.

Au cours de la dernière décennie, il semble que la morale ait joué un rôle important dans la production de règles juridiques, que leur auteur en soit le législateur ou les tribunaux. Le droit des affaires n'échappe pas à ce constat. À titre d'exemple, les notions de confiance ou de bonne foi ne peuvent être qualifiées de concepts juridiques neutres. Elles traduisent sinon le consensus moral, à tout le moins certaines préoccupations exprimées par l'opinion dominante. Développées par les tribunaux, ces notions sont législativement reconnues depuis la réforme du *Code civil du Québec*, tout comme l'obligation de loyauté ou de confidentialité d'un employé, le devoir de loyauté d'un administrateur en situation de conflit d'intérêts, la théorie dite du «soulèvement du voile corporatif» ou celle de l'abus de droit. Par ailleurs, le devoir de diligence raisonnable d'un administrateur et dont l'inexécution peut entraîner sa responsabilité personnelle, est imposé tant par les lois régissant l'environnement que par celles portant sur la santé et la sécurité au travail.

Il ne suffit plus qu'une entreprise se comporte «en bon citoyen corporatif». Tout comme ceux qui la dirigent, elle est un sujet de droit à part entière. En conséquence, les valeurs qu'elle encourage doivent s'harmoniser avec celles qui ont émergé dans la société, et qui ont, avec le temps, obtenu une reconnaissance législative ou judiciaire.

Une entreprise ne peut échapper à l'application de la loi sans entraîner sa responsabilité civile ou pénale. Elle ne pourrait invoquer comme défense ses propres valeurs, notamment lorsqu'elle considère que la loi ne reflète pas nécessairement une norme morale acceptable parce que résultant d'un choix arbitraire entre différentes valeurs, ou matérialisant une règle de conduite «politiquement correcte» mais dont le fondement est discutable.

Mais une entreprise ne peut pas non plus échapper facilement à des normes morales non codifiées ou partiellement codifiées auxquelles adhèrent ses différents intervenants (actionnaires, partenaires, clients). C'est dans cette perspective que certaines entreprises adoptent des politiques internes dont le contenu va au-delà de la lettre de la loi ou parfois la précède, auquel cas cette promotion de leur responsabilité morale peut être qualifiée de comportement éthique.

Dans quelles autres circonstances pourrait-on parler d'éthique en droit des affaires? Une lecture ou une application restrictive d'une loi, l'utilisation d'un vide ou d'une ambiguïté dans cette loi et ce, sans égard à ses objectifs ou à son esprit, pourraient être assimilées à un manque éthique.

L'éthique appliquée apparaît donc comme un choix de valeurs.

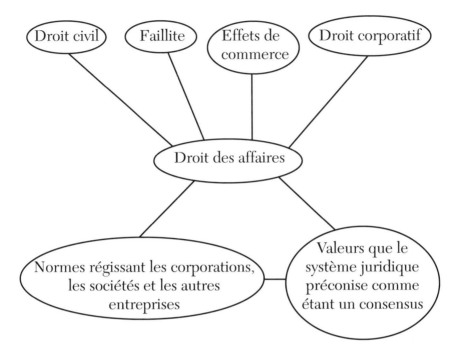

DES RÈGLES JURIDIQUES À CONNOTATION MORALE

INTRODUCTION

Le droit des affaires fait appel à plusieurs champs du droit, dont le droit corporatif et le droit civil. Le premier régit les modes de création, d'organisation et de fonctionnement des personnes morales (corporations à but non lucratif ou compagnies). Il est cependant complété par le droit civil quant aux biens et aux rapports des personnes morales avec les tiers, tels leurs clients ou leurs fournisseurs. Il appartient au droit civil d'énoncer les droits et obligations de portée générale applicables en matière contractuelle à toute personne morale ou physique. Ce droit codifie notamment les règles régissant le contrat d'emploi, le contrat d'entreprise ainsi que le contrat de consommation qui, dans la plupart des cas, matérialise les activités commerciales des entreprises. Le droit civil édicte aussi les règles relatives à la responsabilité civile qui, tout comme le contrat, constitue l'une des sources principales d'obligations.

Le droit civil joue ainsi un rôle prépondérant dans les relations commerciales et sociales d'une entreprise. Conséquemment, la réforme du *Code civil du Québec* est susceptible d'amener l'entreprise à revoir certains aspects des relations qu'elle entretient avec ses employés, ses administrateurs et les tiers. Cette réflexion doit cependant s'inspirer autant de l'esprit que de la lettre de la réforme et, donc, favoriser une adhésion éthique aux nouvelles règles de droit. En effet, au-delà des principes juridiques qui la composent, le but avoué de cette réforme est de traduire les valeurs qui ont émergé dans la société québécoise: tel que l'écrit Gil Rémillard[1], «Un code civil reflète la vision qu'une société a d'elle-même et ce qu'elle veut être [...] Il est la trame sur laquelle se construit le tissu social [...].

Outre le *Code civil du Québec*, d'autres lois, certaines récentes, tendent à établir un nouvel équilibre dans les rapports sociaux des entreprises. C'est le cas notamment des lois régissant l'environnement ou la santé et la sécurité au travail. Ces lois retiennent notre attention, car les régimes de responsabilité qu'elles édictent sous-tendent non seulement la responsabilité potentielle d'une entreprise, mais aussi, à certaines conditions, la responsabilité personnelle de ses administrateurs et même de ses employés.

À la lumière de ce qui précède, nous traiterons donc des règles ou concepts juridiques de nature à inciter toute entreprise à réfléchir sur l'adéquation de sa gestion et donc de sa culture, à la réalité juridique et sociale québécoise. Notre analyse s'articulera autour des thèmes suivants: les contrats; la responsabilité civile;

---

1. En sa qualité de ministre de la Justice.

les devoirs d'un employé; les devoirs d'un administrateur et la responsabilité personnelle d'un administrateur.

LES CONTRATS

Tout contrat est régi par le droit des obligations. Sur le plan des
sources, il est certes la plus importante mais non la seule. Ainsi, les
obligations peuvent naître de tout acte ou fait auquel la loi reconnaît cet effet[2], tels certains comportements ou situations susceptibles de causer un préjudice à autrui.

2. Art. 1372 *Code civil du Québec* (C.c.Q.)

Pierre angulaire du droit civil, le droit des obligations se révèle un champ privilégié d'observation des relations entre la morale et le droit. Certains aspects de sa réforme, destinée à établir un plus juste équilibre dans les relations individuelles[3], notamment en matière contractuelle, confortent ce postulat.

Nous traiterons d'abord de la notion de bonne foi et de son corollaire, la théorie de l'abus de droit. Ensuite, nous aborderons la protection du consentement d'un contractant.

1. LA NOTION DE BONNE FOI

La notion de bonne foi constitue l'un des principes fondamentaux du droit des obligations, tant en matière contractuelle qu'en matière extracontractuelle. Le *Code civil du Québec* consacre cette notion dans les termes suivants: «La bonne foi doit gouverner la conduite des parties, tant au moment de la naissance de l'obligation qu'à celui de son exécution ou de son extinction[4].»

Cette règle d'équité, traduction juridique de l'obligation morale de bonne volonté[5], n'est cependant pas de droit nouveau. Ainsi, en 1980, la Cour suprême du Canada jugeait que la bonne foi était une obligation implicite de tout contrat, s'ajoutant aux obligations qui y sont exprimées et s'étendant aux suites du contrat[6]. À titre d'exemple, la bonne foi doit exister lors de la phase pré-contractuelle (négociations) d'un second contrat qui se présente

---

3. MINISTÈRE DE LA JUSTICE DU QUÉBEC, *Commentaires du ministre de la Justice, Le Code civil du Québec*. Tome 1, Québec, Les Publications du Québec, 1993, Livre V, Des obligations, art. 1371 à 1643, p. 827.

4. Art. 1375 C.c.Q.

5. MINISTÈRE DE LA JUSTICE DU QUÉBEC, *op. cit.*, note 3, Livre V, Des obligations, Art. 1375, p. 832.

6. *Banque Nationale du Canada c. Soucisse*, [1981] 2 *Recueil des arrêts de la Cour suprême du Canada* (R.C.S.) 339.

comme le renouvellement d'un autre tel celui d'un contrat de travail, d'un contrat de franchise ou de celui portant sur une marge de crédit.

Cette disposition de l'esprit qu'est la bonne foi peut être définie comme la qualité de celui qui agit avec droiture, obéit à sa conscience et entend être fidèle à ses obligations[7].

Le *Code civil du Québec* pose expressément cette bonne foi comme obligation, non seulement lors de la conclusion, de l'exécution et de l'extinction d'un contrat, mais aussi dans l'exercice de tout droit civil[8]. Corollaire obligé, cette obligation entraîne l'interdiction d'abuser de ses droits, laquelle est codifiée comme suit: «Aucun droit ne peut être exercé en vue de nuire à autrui ou d'une manière excessive et déraisonnable, allant ainsi à l'encontre des exigences de la bonne foi[9].»

Désormais consacrée par le législateur, la théorie de l'abus de droit avait cependant été antérieurement admise en droit civil québécois par les tribunaux. En effet, en 1990, dans l'affaire *Houle c. Banque canadienne nationale*[10], la Cour suprême du Canada réaffirmait cette théorie selon laquelle un droit qui n'est pas exercé d'une manière raisonnable, c'est-à-dire selon les règles de l'équité et de la loyauté, engendre une responsabilité. Cette Cour concluait à une transgression de ces règles dans l'exécution d'un contrat de prêt, alors que la défenderesse avait liquidé d'une manière soudaine, impulsive et dommageable l'actif d'une compagnie, bien que le contrat permettait une réalisation de ses garanties sans préavis.

---

7. Paul ROBERT. *Dictionnaire alphabétique et analogique de la langue française*, Paris, 1982, p. 798, définition du terme «bonne foi».

8. Art. 6 C.c.Q.: «Toute personne est tenue d'exercer ses droits civils selon les exigences de la bonne foi.»

9. Art. 7 C.c.Q.

10. [1990] 3 R.C.S. 122.

Outre la réalisation intempestive d'une garantie, le recours soudain à une clause de résiliation d'un contrat ou à une procédure de saisie avant jugement pourrait aller à l'encontre de l'obligation de bonne foi.

En bref, l'introduction législative de l'obligation de bonne foi et de la théorie de l'abus de droit, confirme l'opinion selon laquelle la nature du contrat peut être considérée comme essentiellement morale[11], l'intention de s'obliger étant déjà un acte moral[12].

2. LA PROTECTION DU CONSENTEMENT

La liberté contractuelle repose sur le principe de l'autonomie de la volonté et autorise des parties à s'engager comme elles l'entendent. Toutefois, dans une perspective d'équité, le Code civil prévoit certains tempéraments destinés à protéger le consentement de la partie contractante la plus vulnérable, telle celle qui est partie à un contrat de consommation ou de fourniture de services publics.

D'entrée de jeu, il convient de souligner que l'autonomie de la volonté ne peut faire échec aux règles du Code qui intéressent l'ordre public. L'exercice de tout droit civil, contractuel ou extracontractuel, est assujetti à cette règle[13]. Ainsi, une convention qui porterait atteinte à l'ordre public — la notion de bonnes mœurs de l'ancien Code ayant été supprimée — est interdite et pourrait

---

11. Beverly McLACHIN. «Le droit et la moralité», dans *La morale et le droit des affaires*, Journée Maximilien Caron, Montréal, Les Éditions Thémis, 1994, 12.

12. Charles FRIED. «Contract as Promise: A theory of Contractual Obligation», Harvard University Press 1981, cité dans B. McLACHIN, *loc. cit.*, note 11.

13. Art. 9 C.c.Q.: «Dans l'exercice des droits civils, il peut être dérogé aux règles du présent code qui sont supplétives de volonté: il ne peut, cependant, être dérogé à celles qui intéressent l'ordre public.»

être frappée de nullité. Par conséquent, un contrat portant sur une dette de jeu, sur la vente de biens illégaux ou sur une activité frauduleuse, tel le blanchiment d'argent, possède un caractère illégal et son exécution ne peut être forcée. Un tribunal pourrait donc priver d'effet un tel contrat et, depuis la réforme, ordonner la restitution en nature des prestations des parties, advenant que le contrat ait été exécuté partiellement ou totalement. Toutefois, de façon exceptionnelle, cette restitution pourrait être refusée si celle-ci résultait en l'enrichissement indu de l'une des parties[14].

Par ailleurs, le principe de la force obligatoire du contrat fait que celui-ci s'impose aux parties. Toutefois, depuis la réforme, ce principe comporte certaines restrictions inspirées des valeurs véhiculées par le droit de la consommation.

De droit nouveau, la première restriction concerne **l'incorporation par renvoi,** dans un contrat d'adhésion ou de consommation, **d'une clause externe** contenue dans un autre document et réputée faire partie intégrante du premier. Cette clause externe ne peut lier les parties, à moins que le contractant ne prouve que celle-ci a été expressément portée à l'attention de l'adhérent ou du consommateur[15].

On entend par contrat de consommation celui dont le champ d'application est délimité par les lois relatives à la protection du consommateur (ex.: *Loi sur la protection du consommateur, Loi sur les agents de voyage*), par lequel l'une des parties, personne physique, acquiert, loue, emprunte ou se procure des biens ou des services d'une autre exploitant une entreprise et ce, à des fins personnelles, familiales ou domestiques[16]. Ainsi, le contrat d'achat d'un voyage ne pourrait simplement référer aux clauses contenues dans

---

14. Art. 1699, al. 2, C.c.Q.

15. Art. 1435 C.c.Q.

16. Art. 1384 C.c.Q.

la brochure du grossiste et lier à cet égard le consommateur; ces clauses doivent apparaître au contrat ou l'agent de voyages doit pouvoir prouver qu'elles ont été portées à la connaissance du consommateur.

Le contrat d'adhésion signifie celui dont les stipulations essentielles ont été imposées par l'une des parties qui l'a rédigé — par elle ou pour son compte — et qui n'ont pas fait l'objet d'une libre négociation[17]. Ce type de contrat est fort courant et sert souvent d'instrument contractuel privilégié par les entreprises dans leurs activités commerciales ou imposé à ces dernières, comme parfois en matière de louage. Ainsi, une clause d'un bail commercial prévoyant que le locataire s'engage à respecter les règlements généraux adoptés par le locateur n'aura d'effet que si ces règlements sont annexés ou incorporés au contrat ou si le locateur est en mesure de démontrer que le locataire en a pris connaissance. Il convient de souligner qu'un contrat de bail commercial est souvent un contrat type mais qu'un contrat type n'est pas nécessairement un contrat d'adhésion. Il ne le sera que si l'essentiel des obligations du locataire n'a pas fait l'objet d'une libre négociation entre les parties.

Le second tempérament important à la force obligatoire du contrat, lors de sa formation, concerne **la clause illisible ou incompréhensible**. Ainsi, il est désormais possible de faire déclarer nulle une clause objectivement illisible ou incompréhensible, dans la mesure où une telle clause apparaît dans un contrat d'adhésion ou de consommation. Toutefois, la partie qui y adhère doit en souffrir préjudice, à moins que l'autre partie puisse démontrer qu'elle lui avait donné des explications suffisantes sur la nature et la portée de la clause[18]. À titre d'exemple, il peut arriver qu'un contrat d'assurance de biens industriels contienne des clauses techniques. Évidemment, lorsqu'une entreprise est assistée d'un courtier ou

---

17. Art. 1379 C.c.Q.

18. Art. 1436 C.c.Q.

d'experts externes, la compréhension de ces clauses s'analyse différemment. Autrement, le critère de compréhension de la personne raisonnable et celui de la preuve d'un préjudice s'appliquent.

Enfin, les tribunaux peuvent sanctionner un contrat **lésionnaire**, c'est-à-dire annuler un contrat ou en réduire les obligations, lorsqu'il y a une disproportion importante entre les prestations des parties, résultant en l'exploitation de l'une par l'autre[19]. Cependant, la portée de cette règle est limitée; elle ne s'applique pas à toute personne physique, en toutes circonstances, mais plutôt à une personne majeure protégée ou mineure. Sauf exception, elle ne peut être invoquée par une partie majeure et capable que lorsque la lésion porte sur le montant d'une clause pénale[20], sur les modalités d'exécution ou sur les obligations d'un prêt portant sur une somme d'argent[21].

Toutefois, les tribunaux peuvent annuler ou réduire l'obligation découlant d'une **clause abusive** dans la mesure où celle-ci apparaît dans un contrat de consommation ou d'adhésion. Dans le cadre de ces contrats, est considérée abusive toute clause désavantageant l'adhérent ou le consommateur d'une manière excessive ou déraisonnable, contrairement aux exigences de la bonne foi[22].

Les règles qui précèdent matérialisent clairement l'intention du législateur de bonifier l'ordre contractuel à l'avantage des contractants les plus vulnérables. D'ailleurs, l'équité dans les contrats s'étend aussi à leurs modalités d'interprétation. Ainsi, en cas de

---

19. Art. 1406 C.c.Q.

20. Art. 1623, al. 2, C.c.Q. Une clause pénale est une évaluation anticipée, convenue entre les parties, des dommages-intérêts que doit verser un débiteur, advenant qu'il n'exécute pas son obligation. Voir l'art. 1622 C.c.Q.

21. Art. 2332 C.c.Q.

22. Art. 1437 C.c.Q.

doute, un contrat s'interprète toujours contre celui qui a stipulé l'obligation, et, en toutes circonstances, en faveur du consommateur ou de l'adhérent[23].

Somme toute, le principe de la liberté contractuelle ne peut indûment faire échec à l'équité et ce constat trouvera sa mesure, non seulement dans les nouvelles relations d'affaires entre les entreprises de biens ou de services et les tiers, mais aussi entre ces entreprises. En effet, chacune d'elles pourra bénéficier du «devoir d'information» imposé à la partie qui, pour l'essentiel, délimite le contenu d'un contrat. Elles seront aussi mieux protégées par la possibilité d'un contrôle judiciaire d'une obligation abusive découlant d'un contrat non librement négocié.

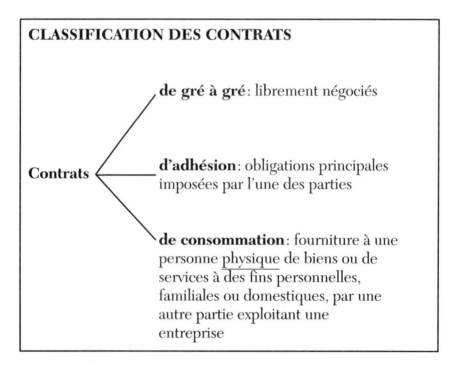

CLASSIFICATION DES CONTRATS

Contrats

de gré à gré : librement négociés

d'adhésion : obligations principales imposées par l'une des parties

de consommation : fourniture à une personne physique de biens ou de services à des fins personnelles, familiales ou domestiques, par une autre partie exploitant une entreprise

---

23. Art. 1432 C.c.Q.

LE CADRE JURIDIQUE DU CONTRAT

L'obligation de bonne foi

♦ doit gouverner le contrat de sa naissance jusqu'à son extinction:

– droiture d'initiative;

– obéir à sa conscience;

– être fidèle à ses obligations.

♦ Contreviennent à cette obligation:

– comportement ou acte abusif avec l'intention de nuire;

– comportement ou acte simplement excessif ou déraisonnable.

Autres conditions:

♦ objet licite;

♦ cause licite;

♦ consentement par des personnes capables de contracter: autonomie de la volonté en harmonie avec l'ordre public.

Contreviennent à la qualité de ce consentement:

– exploitation d'une partie par l'autre: lésion des personnes capables dans certains cas; en toutes circonstances pour les personnes mineures et majeures protégées (curatelle, tutelle et conseiller au majeur);

– renvoi à une clause externe non portée à la connaissance de l'adhérent ou du consommateur;

– clause incompréhensible ou illisible non expliquée à l'autre partie;

– clause abusive dans un contrat de consommation ou d'adhésion.

LA RESPONSABILITÉ CIVILE

La responsabilité civile concerne à la fois la responsabilité contractuelle et la responsabilité extracontractuelle. La première repose sur le devoir de toute partie d'honorer ses engagements et la seconde, sur la notion de conduite. Dans les deux cas, le concept de faute est implicite et sa commission peut donner naissance à l'obligation de réparer le préjudice causé à autrui.

Il est facile de conclure au caractère moral de cette obligation puisqu'elle traduit juridiquement le devoir moral de ne pas nuire aux autres et, lorsque ce devoir est transgressé, son obligation corollaire, soit celle de réparer le dommage causé[24].

L'aménagement juridique de la responsabilité civile ne contredit pas cette affirmation, au contraire. La réforme, notamment, introduit de nouveaux régimes de responsabilité applicables aux fabricants de biens et, dans certains cas, à ses vendeurs professionnels, limite la portée des clauses d'exclusion ou de limitation de responsabilité, remédie au problème de l'attribution de dommages corporels futurs et permet, dans certaines circonstances, l'exonération de responsabilité du divulgateur d'un secret commercial.

Nous traiterons des règles qui, pour une entreprise, sont de nature à influer sur la perception qu'elle peut avoir de sa responsabilité civile ou de celle de ses employés ou administrateurs dont, en principe, elle répond ultimement.

Nous discuterons sommairement de la responsabilité civile contractuelle pour ensuite analyser certaines règles de la responsabilité extracontractuelle eu égard à certains régimes de responsabilité, aux cas d'exonération de responsabilité et, enfin, à la réparation du dommage.

---

24. Jean-Louis BAUDOIN. *Les obligations*, Montréal, Les Presses de l'Université de Montréal, 1970, N° 3, p. 4.

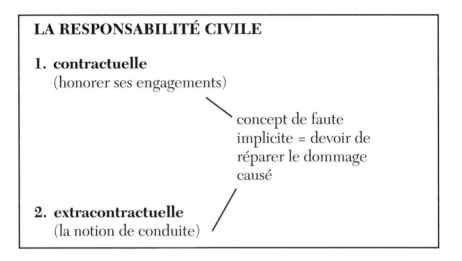

1. LA RESPONSABILITÉ CONTRACTUELLE

Le *Code civil du Québec* énonce le principe de la responsabilité contractuelle en établissant le devoir général qu'a toute personne de respecter les engagements qu'elle a contractés et, en cas de manquement à ce devoir, l'obligation de réparer le préjudice corporel, moral ou matériel dont elle est responsable[25].

Ce devoir découle de toute obligation contractuelle quelle qu'elle soit et vise tant les personnes physiques que les personnes morales (corporations ou compagnies), même celles de droit public (ex.: corporations municipales) et l'État, sous réserve d'une règle de droit applicable à ces derniers[26].

---

25. Art. 1458 C.c.Q.

26. Art. 1376 C.c.Q. Cet article codifie le principe, généralement admis antérieurement, de l'application du droit des obligations à l'État et à ses organismes de droit public.

Ainsi qu'il a été discuté précédemment, le Code civil codifie la règle de **l'abus de droit** animé d'une intention malicieuse, mais aussi simplement exercé d'une manière excessive et déraisonnable[27]. Par ailleurs, la norme de comportement qu'est la bonne foi doit prévaloir dans l'exercice de tout droit civil, contractuel ou extra contractuel. Un contractant doit se comporter comme toute personne «objectivement» de bonne foi le ferait; entre autres, cela signifie qu'il doit divulguer les informations pertinentes qu'il détient lors de la conclusion d'un contrat et coopérer à son exécution[28].

En outre, la **possibilité** pour un contractant de **limiter** ou **d'exclure sa responsabilité est expressément circonscrite** par le Code civil de manière à équilibrer les relations contractuelles. Ainsi, une personne ne peut, par contrat, exclure ou limiter sa responsabilité pour le préjudice matériel causé à autrui par une faute intentionnelle ou une faute lourde, soit celle dénotant une insouciance, une imprudence ou une négligence grossière[29]. Au surplus, lorsqu'une limitation ou une exclusion prend la forme d'un avis (ex.: avis sur un ticket de vestiaire ou de stationnement), elle n'a d'effet que dans la mesure où la partie contractante qui l'invoque démontre que l'autre partie en avait connaissance au moment de la conclusion du contrat[30].

La responsabilité contractuelle, convient-il de souligner, peut donner lieu à l'indemnisation de dommages moraux ou corporels. Notamment, un locateur pourrait être tenu d'indemniser son locataire pour des dommages corporels subis alors que son logement

---

27. Claude MASSE. «La responsabilité civile», dans *La réforme du Code civil, Obligations, contrats nommés*, Québec, Les Presses de l'Université Laval, 1993, N° 32, 260.

28. *Id.*, 61.

29. Art. 1474, al. 1, C.c.Q.

30. Art. 1475 C.c.Q.

était impropre à l'habitation[31], ou un vendeur, pour les dommages encourus par un acheteur et causés par un bien comportant un vice caché, c'est-à-dire un vice qui n'est pas apparent pour une personne raisonnable[32].

L'indemnisation de ces dommages ne peut d'aucune manière être tempérée par la liberté contractuelle. Ainsi, outre la bonne foi, le régime de responsabilité contractuelle repose sur un autre principe moral déjà consacré par la *Charte des droits et libertés de la personne,* soit la primauté de la personne humaine et de son intégrité[33]. Ce principe se traduit par une règle primordiale, d'ordre public, selon laquelle un contractant ne peut exclure ou limiter sa responsabilité pour le préjudice corporel ou moral causé à autrui[34].

À titre d'exemple, une entreprise fabriquant des automobiles, de l'outillage industriel ou des appareils ménagers ne pourrait, par contrat, même partiellement, se dégager de cette responsabilité envers ses clients. Une entreprise de services (services de sécurité, d'entretien ménager, de réparation) ne pourrait pas non plus limiter ou exclure sa responsabilité, sauf pour le simple dommage matériel, mais uniquement en l'absence d'une faute lourde ou intentionnelle.

---

31. Art. 1913 C.c.Q.

32. Art. 1728 C.c.Q.

33. MINISTÈRE DE LA JUSTICE DU QUÉBEC, *op. cit.*, note 3, Livre V, Des obligations, art. 1474, p. 903.

34. Art. 1474, al. 2, C.c.Q.

LA RESPONSABILITÉ CONTRACTUELLE

◆ se fonde sur le devoir qu'a toute personne (physique ou morale) de respecter les engagements qu'elle a contractés;

◆ peut donner lieu à une indemnisation de dommages
  - matériels : aucune limitation ou exclusion possible en cas d'une faute lourde ou intentionnelle;
  - moraux ou corporels : aucune limitation ou exclusion possible (principe de la primauté de la personne humaine et de son intégrité).

---

2. LA RESPONSABILITÉ EXTRACONTRACTUELLE

La responsabilité extracontractuelle — c'est-à-dire celle qui ne découle pas d'un contrat — se fonde sur le devoir de toute personne de respecter les règles de conduite qui, selon les circonstances, l'usage et la loi, s'imposent à elle. Lorsqu'elle transgresse ce devoir, dans la mesure où elle est dotée de la capacité de discernement, cette personne est responsable du préjudice corporel, matériel ou moral qu'elle a par sa faute causé à autrui et est tenue de le réparer[35]. Dans certains cas, cette obligation s'étend au préjudice causé par le fait de biens sous sa garde (ex.: animaux) ou par la faute ou le fait d'une autre personne (enfants, écoliers, employés)[36].

De l'ensemble des règles destinées à préciser ou à compléter cet énoncé général de la responsabilité extracontractuelle, certaines s'appuient clairement sur des principes sur lesquels repose la *Charte des droits et libertés de la personne* du Québec ou qui sont sous-jacents au droit de la consommation.

---

35. Art. 1457, al. 1 et 2, C.c.Q.

36. Art. 1457, al. 3, C.c.Q.

Nous allons successivement traiter ces règles en fonction des sous-thèmes suivants : les régimes de responsabilité applicables à une entreprise, l'exonération de responsabilité et la réparation du dommage.

a) Les régimes de responsabilité applicables à une entreprise

Il est possible de distinguer trois types de responsabilité : la responsabilité personnelle, la responsabilité pour le fait ou la faute d'autrui et celle du fait des biens.

En matière de **responsabilité personnelle**, une entreprise dotée de la personnalité corporative est responsable des fautes commises par ses dirigeants, cette entreprise agissant par le biais de ses organes, tels son conseil d'administration[37], et, implicitement, son comité exécutif[38]. En ce qui concerne les actes fautifs de ses autres administrateurs et de ses employés, ceux-ci peuvent entraîner la responsabilité de la personne morale à titre de commettant[39].

Le **régime de responsabilité du commettant** en est un de présomption de responsabilité. Tenu de réparer le préjudice causé par la faute de son préposé dans le cadre de ses fonctions[40], le commettant ne peut pas repousser sa responsabilité en démontrant qu'il n'a pas personnellement commis de faute. Sa seule défense consiste soit à prouver que son préposé n'a pas commis de faute, soit que le dommage est dû à un cas de force majeure[41], à la faute de la victime ou à celle d'un tiers[42].

---

37. Art. 311 C.c.Q.

38. C. MASSE, *loc. cit.*, note 27, Nº 34, 263.

39. *Ibid.*

40. Art. 1463 C.c.Q.

41. Art. 1470 C.c.Q., soit un événement ou une cause étrangère imprévisible et irrésistible.

42. Jean-Louis BAUDOIN. *La responsabilité civile délictuelle*, Cowansville, Les Éditions Yvon Blais Inc., 1985, Nº 485, p. 244.

Ce **régime de responsabilité pour la faute d'autrui** reposerait sur le postulat selon lequel l'équité et la justice sociale commandent l'obligation pour un commettant de se porter garant de l'activité fautive de son préposé[43]. Toutefois, dans les faits, seul le risque économique lié à cette activité est ainsi assumé. En effet, le commettant conserve, en tout état de cause, un recours contre son préposé pour se faire rembourser l'indemnité qu'il a dû verser[44].

Par ailleurs, le Code civil établit un nouveau régime de **responsabilité extracontractuelle** susceptible de s'appliquer à une entreprise versée dans la fabrication, la distribution ou la vente de biens. **Fondé sur le défaut de sécurité**, ce régime profite à toute personne victime d'un préjudice matériel, corporel ou moral causé par un bien affecté d'un défaut, et qui n'est pas en relation contractuelle avec le fabricant du bien ou l'un ou l'autre de ses vendeurs professionnels[45]. Cette personne peut donc être un tiers (un passant) ou un simple utilisateur du bien. Quand il s'agit de l'acquéreur du bien ou de son acquéreur subséquent, nous avons vu qu'il bénéficie quant à lui du régime de responsabilité contractuelle fondé sur la notion de vice caché[46].

Destiné à protéger le public en général contre les défauts de sécurité d'un bien, le nouveau régime s'applique au fabricant d'un bien meuble[47], c'est-à-dire tout bien conçu pour être utilisé par une entreprise, à des fins industrielles, ou par une personne, pour un usage domestique, familial ou personnel[48]. Ce régime s'étend

---

43. *Id.*, N° 497, p. 248.

44. *Id.*, N° 499, p. 249.

45. C. MASSE, *loc. cit.*, note 27, N° 80, 303.

46. Art. 1726 C.c.Q. Voir *supra*, p. 119.

47. Art. 1468, al. 1, C.c.Q.

48. C. MASSE, *loc. cit.*, note 28, N° 78, 302.

aussi aux vendeurs professionnels, à savoir le détaillant, le grossiste et même l'importateur du bien[49]. En outre, il s'applique aussi à un bien qui aurait été incorporé à un immeuble[50] (ex. : un système électrique ou un système de chauffage).

Avant l'introduction dudit régime, une victime devait non seulement prouver qu'elle avait subi un dommage résultant du défaut ou de la défaillance d'un bien, mais aussi que ce dommage résultait d'une faute dans la conception, la fabrication ou la mise en marché du bien vendu[51]. Désormais, **une présomption de connaissance du défaut de sécurité** est imposée et n'est renversable que dans la mesure où le fabricant ou le vendeur professionnel peut démontrer son absence de faute ou que la victime connaissait ou pouvait connaître le défaut[52]. C'est aussi le cas lorsqu'il peut être prouvé que ce défaut ne pouvait être connu, compte tenu de l'état des connaissances lors de la fabrication ou de la mise en circulation du bien. Dans cette hypothèse, son fabricant, son distributeur ou son fournisseur doit pouvoir démontrer qu'il n'a pas fait preuve de négligence dans son devoir d'information dès que l'existence d'un défaut de sécurité a été porté à sa connaissance[53]. Quant à ce défaut, il est présent lorsqu'un bien n'offre pas la sécurité à laquelle on est normalement en droit de s'attendre[54].

Il est clair que le régime de responsabilité extracontractuelle du fabricant et des vendeurs professionnels s'inspire de la philosophie du droit de la consommation parce qu'il propose une protection plus efficace des droits d'une victime. Par ailleurs, ce régime

---

49. Art. 1468, al. 2, C.c.Q.

50. Art. 1468, al. 1, C.c.Q.

51. C. MASSE, *loc. cit.*, note 29, N° 70, 291.

52. Art. 1473, al. 1, C.c.Q.

53. Art. 1473, al. 2, C.c.Q.

54. Art. 1469 C.c.Q.

confirme **l'obligation d'informer sur les dangers cachés d'un produit,** obligation reconnue, en 1981, par la Cour suprême du Canada, dans l'affaire *Wabasso c. National Drying Machinery Co.*[55] Ce régime constitue donc, pour une entreprise, un élément majeur de la réforme.

b) L'exonération de responsabilité

Outre la défense de force majeure[56], le Code civil prévoit deux cas d'exonération de responsabilité extracontractuelle susceptibles d'intéresser toute entreprise.

La première défense concerne la **défense dite du «bon samaritain»**, qui permet à une personne qui porte secours à autrui ou qui dispose gratuitement de biens, dans un but désintéressé, d'être dégagée de toute responsabilité pour le préjudice pouvant en résulter, à moins que celui-ci découle d'une faute intentionnelle ou d'une faute lourde[57]. Cette défense répond aux vœux de certains organismes de charité qui éprouvaient de la difficulté à obtenir des biens ou des dons de nourriture d'entreprises, craignant d'engager leur responsabilité à l'endroit des tiers[58].

La seconde défense concerne l'**exonération de responsabilité d'une personne qui divulgue un secret commercial**. Cette personne peut être dégagée de toute responsabilité envers les tiers dans la mesure où elle peut démontrer que l'intérêt général, notamment pour des motifs liés à la santé ou à la sécurité du public, l'emportait sur le maintien du secret[59].

---

55. [1981] 1 R.C.S. 578.

56. Art. 1470 C.c.Q. Cette défense doit porter sur un événement ou sur une cause imprévisible, irrésistible.

57. Art. 1471 C.c.Q.

58. MINISTÈRE DE LA JUSTICE DU QUÉBEC, *op. cit.*, note 3, Livre V, Les obligations, art. 1471, p. 900.

59. Art. 1472 C.c.Q.

Cette défense présente un intérêt primordial pour une entreprise puisqu'en certaines circonstances, elle peut légitimer la divulgation d'un brevet, d'un procédé de fabrication ou d'une information gardés secrets pour des motifs commerciaux. Elle peut aussi être invoquée en matière contractuelle, pour faire échec à une entente de confidentialité, fréquemment utilisée par des entreprises versées dans la technologie, dans le contexte de projets de partenariat.

c) La réparation du dommage

Le droit d'une personne à son intégrité physique et morale est aussi privilégié en matière de réparation du dommage. Ainsi, il est désormais permis à un tribunal, statuant sur des dommages-intérêts en réparation d'un préjudice corporel, de réserver, pour une période d'au plus trois ans, le **droit d'une victime de demander des dommages additionnels**, lorsqu'il n'est pas possible de déterminer avec une précision suffisante l'évolution de sa condition physique lors du jugement[60].

Cette règle de droit nouveau permet donc de suspendre, dans le temps, l'obligation de réparation découlant de la responsabilité civile.

Enfin, le Code civil rend **sans effet les quittances, transactions ou déclarations obtenues de la victime** d'un préjudice corporel ou moral par le débiteur de l'obligation de réparer, par son assureur ou par l'un de ses représentants, si elles ont été obtenues dans les trente jours du fait dommageable et qu'elles sont préjudiciables à la victime[61].

En résumé, la responsabilité civile tend ultimement à l'accomplissement de l'obligation de réparation qu'entraîne la commission

---

60. Art. 1615 C.c.Q.

61. Art. 1609 C.c.Q.

d'une faute contractuelle ou extracontractuelle. Ce but est certes renforcé par une réforme axée sur les attentes légitimes d'une personne dans ses relations contractuelles ainsi que sur la protection de son intégrité physique et morale.

Force est de constater que les entreprises, surtout les entreprises de fabrication de produits destinés à la consommation tant personnelle qu'industrielle, devront se montrer des plus diligentes. En effet, la sécurité d'un bien doit constituer la pierre angulaire de la planification de sa production.

Bien qu'importée de la réalité américaine, la leçon tirée par la compagnie Ford de la mise en marché de la Pinto parle d'elle-même. Quant à de l'obligation d'information portant sur les dangers cachés d'un produit, il convient de mentionner la gestion de la crise du Tylenol effectuée par son fabricant Johnson and Johnson. Quoique notre exemple pèche par le fait que le Tylenol n'était pas en soi dangereux mais bien que certaines capsules de ce produit avaient été empoisonnées par un tiers, il reste que Johnson and Johnson avait, rapidement et efficacement, assumé sa responsabilité sociale; cette responsabilité s'impose désormais dans toute sa vigueur en sol québécois.

LA RESPONSABILITÉ EXTRACONTRACTUELLE

♦ se fonde sur le devoir qu'a toute personne de bien se conduire, selon les circonstances, l'usage ou la loi;

♦ s'étend dans certains cas à la faute ou au fait d'une autre personne (employé, écolier, enfant);

♦ s'étend au fait de biens sous la garde d'une personne (choses, animaux);

♦ peut donner lieu à une indemnisation de dommages

  – matériels: aucune limitation ou exclusion possible en cas d'une faute lourde ou intentionnelle;

  – moraux ou corporels: aucune limitation ou exclusion possible (principe de la primauté de la personne humaine et de son intégrité).

EXONÉRATION DE LA RESPONSABILITÉ EXTRACONTRACTUELLE

♦ force majeure;

♦ défense du bon samaritain;

♦ intérêt général en matière de secret commercial (notamment pour des motifs de santé et de sécurité).

LES DEVOIRS D'UN EMPLOYÉ

Le contrat de travail d'un employé impose aussi des normes de comportement à connotation morale. Outre son obligation d'exécuter avec prudence et diligence le travail convenu avec son employeur, tout employé (le Code civil utilise désormais le terme salarié) est le débiteur d'un double devoir de loyauté et de confidentialité[62].

Pour l'essentiel, le Code civil ne fait que consacrer des obligations déjà reconnues par la jurisprudence comme implicites à tout contrat de travail et susceptibles de survivre à la cessation de ce contrat.

Nous traiterons successivement de l'obligation de loyauté et de l'obligation de confidentialité ou de discrétion d'un employé. Placée en situation de libre concurrence et vulnérable à l'espionnage industriel, toute entreprise se doit de connaître tant le contenu que la portée de ces obligations.

1. LE DEVOIR DE LOYAUTÉ

Le devoir de loyauté d'un employé a fait l'objet d'une reconnaissance judiciaire bien avant que le *Code civil du Québec* ne lui donne

---

62. Art. 2088 C.c.Q.

un fondement explicite. Selon les tribunaux, ce devoir, implicite et inhérent à toute relation employé-employeur, découle du principe de la bonne foi comme condition implicite de l'exécution d'un contrat[63]. L'obligation de loyauté implique celle de ne pas se placer en situation de conflit d'intérêts avec son employeur, de se conduire honnêtement, d'éviter toute compétition directe ou indirecte avec lui[64] (ex.: exploiter une entreprise parallèle ou détenir des parts dans une telle entreprise) et de ne pas briser le lien de confiance qui l'unit à son employeur en divulguant ou en utilisant de l'information confidentielle obtenue dans le cadre du travail[65]. En effet, bien que le Code civil **traite spécifiquement de l'obligation de confidentialité** d'un employé, celle-ci n'est qu'une **facette de son obligation générale de loyauté**[66].

Selon la tendance jurisprudentielle actuelle, le degré d'intensité de l'obligation de loyauté varie en fonction du niveau hiérarchique qu'occupe un employé. En effet, lorsque celui-ci est un employé-clé ou un employé-cadre, cette obligation est plus importante que celle d'un simple employé. La Cour suprême du Canada a, dans l'affaire *Canadian Aero c. O'Malley*[67], qualifié cette obligation de «fiduciaire» et a jugé qu'un administrateur avait violé cette obligation en obtenant, après sa démission, un contrat qu'il avait négocié alors qu'il était chez son ancien employeur. Selon cette cour, un administrateur supérieur ne peut s'approprier un avantage commercial au détriment de son ancien employeur ou le procurer à une autre personne sans contrevenir à son obligation de loyauté. Celle-ci subsiste ainsi à la cessation du lien d'emploi.

---

63. *Banque de Montréal c. Ng*, [1989] 2 R.C.S. 429, 438.

64. *Ibid.*

65. Voir notamment *Montour Ltée c. Jolicoeur*, [1988] *Recueil de jurisprudence du Québec* (R.J.Q.) 1323 (c.s.).

66. Marie-France BICH, «Le contrat de travail», dans *La réforme du Code civil, Obligations, contrats nommés*, Québec, Les Presses de l'Université Laval, 1993, N° 70, 768.

67. [1974] R.C.S. 592.

Dans le passé, la jurisprudence québécoise avait accepté pour l'essentiel le contenu du devoir de loyauté développé dans la décision *Canadian Aero,* bien que la notion «d'obligation fiduciaire» était et soit toujours étrangère au droit civil. L'obligation fiduciaire réfère à l'institution de «trustee» de *common law*, lequel doit administrer avec la plus grande foi les biens qui lui sont confiés. Certains déploraient alors l'utilisation d'une terminologie différente (obligation fiduciaire et obligation de loyauté) pour évoquer une même obligation dont l'intensité variait, cependant, en fonction des responsabilités qu'une personne assumait[68].

Il sera intéressant de voir si les tribunaux, appelés à interpréter l'obligation de loyauté expressément prescrite par le Code civil, maintiendront que son degré d'intensité peut être variable. Nous sommes tentée de le croire.

Enfin, il est fréquent qu'une entreprise ait recours à une clause de non-concurrence pour se prémunir de la concurrence potentielle d'un employé. La validité d'une telle clause est cependant subordonnée à certaines exigences consacrées par le nouveau Code civil. Cette clause doit être limitée quant au temps, au lieu et au genre de travail, et à ce qui est nécessaire pour préserver les intérêts de l'employeur[69]. Comme cette clause limite la liberté de travail d'une personne, le législateur a cru bon d'imposer à l'employeur le fardeau d'en prouver la validité, advenant qu'elle soit contestée[70].

---

68. Hélène L. RICHARD, «L'obligation de loyauté des administrateurs de compagnies québécoises: une approche extra-contractuelle», [1990] 50 *Revue du Barreau du Québec (R. du B.)* 925, 931.

69. Art. 2089, al. 1, C.c.Q.

70. Art. 2089, al. 1, C.c.Q. Voir MINISTÈRE DE LA JUSTICE DU QUÉBEC, *op. cit.*, note 3, Tome II, Livre V, Les obligations, art. 2089, p. 1313.

2. L'OBLIGATION DE CONFIDENTIALITÉ OU DE DISCRÉTION

L'obligation de confidentialité imposée à un employé est celle de ne pas faire usage de l'information à caractère confidentiel qu'il obtient dans le cadre de son travail[71] (ex.: liste de clients, plans de mise en marché). Le Code civil reconnaît expressément que cette obligation, tout comme l'obligation de loyauté qui la fonde, survit à la cessation du contrat pendant un délai raisonnable. Toutefois, lorsqu'une information porte sur la réputation ou sur la vie privée d'autrui, la survie de cette obligation est pour un temps illimité[72]. Il en est de même pour une information qui concerne les méthodes ou les secrets de fabrique d'un employeur et dont la divulgation porterait atteinte à ses droits et intérêts légitimes[73].

Il convient d'ajouter que la notion d'information confidentielle a une portée beaucoup plus large que la notion de secret de fabrique dont l'objet, généralement décrit par la jurisprudence, consiste en une formule, une méthode, une invention brevetable, la composition ou le procédé de fabrication d'un produit[74]. Les informations à caractère commercial (profil de clientèle, stratégie publicitaire) sont plutôt qualifiées d'informations confidentielles proprement dites plutôt que de secrets de fabrique ou de secrets commerciaux.

Dans l'état actuel du droit, les tribunaux accordent une protection à une information qui résulte d'une activité intellectuelle et qui est à la fois, objectivement et subjectivement, confidentielle. Objectivement, parce qu'elle n'est pas librement accessible; subjectivement, lorsque son titulaire la traite comme telle et que

---

71. Art. 2088, al. 1, C.c.Q.

72. Art. 2088, al. 2, C.c.Q.

73. MINISTÈRE DE LA JUSTICE DU QUÉBEC, *op. cit.*, note 3, Tome II, Livre V, Les obligations, art. 2088, p. 1313.

74. Voir notamment *Positron Inc. c. Desroches*, [1988] R.J.Q. 1636 (C.S.)

son confident peut raisonnablement conclure à son caractère confidentiel. Lorsque cette information est utilisée au détriment de son détenteur, il y a abus de confidentialité[75].

Ces critères de qualification sont susceptibles d'être toujours appliqués par les tribunaux québécois.

Dans un autre ordre d'idées, il convient de mentionner que la jurisprudence considère qu'un abus de confidentialité commis par un tiers, sans relation particulière avec une entreprise, peut aussi être sanctionné en ayant alors recours aux principes de la responsabilité civile, à savoir, sur la base d'une faute commise et d'un préjudice subi. Qui plus est, le Code civil prévoit désormais que ce préjudice peut s'étendre au coût des investissements faits pour acquérir un secret commercial, le mettre au point ou l'exploiter, ainsi qu'au gain dont son propriétaire peut être privé et qui peut être indemnisé par des redevances futures[76]. Cette règle de droit nouveau peut aussi s'appliquer dans un contexte contractuel, tel dans dans le cadre d'un contrat d'emploi.

Enfin, il convient de souligner qu'un tiers, dans une situation de discussions commerciales, peut aussi être redevable d'un devoir de loyauté envers le détenteur d'une information confidentielle divulguée dans ces circonstances. Ainsi, la Cour suprême du Canada, dans l'arrêt *LAC Minerals Ltd c. International Corona Resources Ltd.*, a jugé que l'appelante avait contrevenu au devoir de loyauté en utilisant des informations portant sur le potentiel d'une mine, informations détenues par l'intimée et divulguées à l'appelante; cette dernière avait, par la suite, acquis la mine. La Cour a, à la majorité, conclu à l'existence d'une obligation fiduciaire à l'égard des renseignements en cause[77]. Bien que cette

---

75. *Lac Minerals Ltd c. International Corona Ressources Ltd*, [1989] 2 R.C.S. 574.

76. Art. 1612 C.c.Q.

77. Précitée, note 75.

décision ait été rendue dans un contexte de *common law*, l'obligation de bonne foi en droit civil québécois, imposée à toute personne, justifierait, selon nous, une décision judiciaire similaire.

À la lumière de ce qui précède, il est clair que la dimension morale des relations commerciales et du contrat, notamment du contrat de travail, possède de meilleures assises juridiques qu'auparavant, car il ne faut pas sous-estimer l'impact de la reconnaissance législative de normes développées par les tribunaux. Mais il ne faut pas non plus sous-estimer l'influence déterminante du comportement des dirigeants ou des administrateurs d'une entreprise comme modèles pour les autres employés, ce qui nous amène à traiter ici de leurs propres devoirs.

LES DEVOIRS D'UN EMPLOYÉ

1. Obligation de loyauté

♦ découle du principe de la bonne foi (condition du contrat d'emploi);

♦ intensité variable selon le niveau hiérarchique;

♦ survit à la cessation du contrat pendant un délai raisonnable (clause de non-concurrence).

Contreviennent à cette obligation:

– conflit d'intérêts;

– compétition avec l'employeur;

– conduite malhonnête.

2. Obligation de confidentialité ou de discrétion

♦ couvre le secret commercial ou l'information confidentielle;

♦ illimitée dans le temps pour une information portant sur la réputation, la vie privée d'autrui et les secrets commerciaux dont la divulgation entraînerait un préjudice.

LES DEVOIRS D'UN ADMINISTRATEUR

Les administrateurs d'une personne morale (corporation à but non lucratif ou compagnie) ont envers cette dernière différents devoirs. Le *Code civil du Québec* établit clairement que ces administrateurs sont liés à celle-ci par un contrat de mandat[78], c'est-à-dire un contrat par lequel une personne (physique ou morale) donne à une autre le pouvoir de la représenter dans l'accomplissement d'actes juridiques avec les tiers[79]. Conséquemment, les administrateurs d'une personne morale ont le pouvoir de la lier par contrat et autrement, dans les limites des mandats qui leur sont confiés.

Il convient de souligner que le Code civil distingue les dirigeants (*senior officers*) d'une personne morale de ses administrateurs (*directors*)[80] et ne traite expressément que des devoirs imposés à ces derniers.

Cela signifie-t-il que les dirigeants d'une personne morale ne sont pas redevables des mêmes devoirs envers elle que ses administrateurs ? Pourtant, la loi corporative provinciale stipule que les dirigeants, tout comme les administrateurs d'une compagnie, en sont les mandataires[81].

Tel que l'écrit l'éminent auteur Paul Martel, la jurisprudence reconnaît aux cadres supérieurs un devoir de loyauté et de bonne foi[82], lequel est codifié pour les dirigeants d'une compagnie ou d'une

---

78. Art. 321 C.c.Q.

79. Art. 2130 C.c.Q.

80. Art. 312 C.c.Q.

81. *Loi sur les compagnies, Lois refondues du Québec* (L.R.Q.), c. C-38, art. 123. 83.

82. Paul MARTEL, «Les personnes morales», dans *La réforme du Code civil, Personnes, successions, biens*, Québec, Les Presses de l'Université Laval, 1993, 218.

société par actions fédérale[83]. Par ailleurs, selon cet auteur, dans la mesure où un dirigeant peut être considéré comme mandataire de la personne morale, il a, envers celle-ci, une obligation de loyauté et celle d'éviter les conflits d'intérêts[84]. Toutefois, il ne serait pas assujetti à l'obligation de dénonciation d'intérêt, discutée plus loin[85], sauf s'il est le dirigeant d'une compagnie fédérale.

La portée des devoirs d'un dirigeant est donc tributaire de la nature de ses responsabilités (niveau hiérarchique et décisionnel), qui fait ou non de lui un cadre supérieur, et aussi de la loi corporative, provinciale ou fédérale, régissant la personne morale à laquelle il participe.

Quant aux devoirs généralement imposés à un administrateur, le premier est de respecter les obligations découlant de la loi, de l'acte constitutif et des règlements de la personne morale, alors que le second est d'agir dans les limites des pouvoirs qui lui sont conférés.

Plus spécifiquement, l'administrateur a l'obligation d'agir avec prudence et diligence, avec honnêteté et loyauté, et doit éviter de se placer en situation de conflit d'intérêts. Par ailleurs, un administrateur est aussi redevable d'une obligation de coopération. Nous analyserons ici ces différents devoirs ou obligations.

1. LE DEVOIR D'AGIR AVEC PRUDENCE ET DILIGENCE

Le Code civil du Québec établit qu'un administrateur doit agir avec prudence et diligence[86]. Toutefois, contrairement à la Loi sur les

---

83. Loi sur les sociétés par actions, Lois refondues du Canada (L.R.C.) [1985] c. C-44, art. 122 (1) (a).

84. P. MARTEL, loc. cit., note 82, 218. Voir aussi les articles 2138 et 2146 C.c.Q.

85. Ibid.

86. Art. 322 C.c.Q.

sociétés par actions (loi fédérale), ce Code ne tempère pas ce devoir en indiquant qu'il doit être exécuté «comme le ferait en pareilles circonstances un bon père de famille»[87]. Selon Paul Martel, il est possible de soutenir que le contenu de ce devoir est plus intense en droit québécois et qu'il doit s'interpréter en fonction des propres compétences de l'administrateur visé et non à partir d'un critère externe comme celui de la personne raisonnable, version révisée de celle de bon père de famille[88].

Cela signifie que la conduite d'un administrateur sera jugée en fonction de ce qu'on pourrait s'attendre d'un autre administrateur compétent, en pareilles circonstances. Ce que ferait une personne raisonnable, non versée dans le domaine, n'importerait point. La compétence est donc une attente légitime et exigée de tout administrateur et celui-ci doit recourir, si besoin est, à une expertise externe et s'entourer de collaborateurs compétents.

2. LE DEVOIR D'AGIR AVEC HONNÊTETÉ ET LOYAUTÉ

À l'origine qualifiés de «fiduciaires», importés de la *common law* par la jurisprudence québécoise et appliqués aux administrateurs de personnes morales au Québec, les devoirs d'honnêteté et de loyauté des administrateurs sont désormais expressément reconnus par le Code civil.

On peut dire du premier qu'il s'apparente à la bonne foi et du second, qu'il constitue un standard de comportement qui sous-entend que les intérêts du mandant (la personne morale) doivent en tout temps primer sur ceux du mandataire administrateur[89].

---

87. Précitée, note 83, art. 122 (1) (b).

88. P. MARTEL, *loc.cit.*, note 82, 212.

89. Claude FABIEN, «Le nouveau droit du mandat», dans *La Réforme du Code civil, Personnes, successions, biens*, Québec, Les Presses de l'Université Laval, 1993, N° 20, 896.

Le Code civil énonce le devoir général d'honnêteté et de loyauté d'un administrateur comme étant celui d'agir comme tel «dans l'intérêt de la personne morale»[90]. Par ailleurs, le Code précise certains aspects de ce devoir, soit en matière d'utilisation de biens ou d'informations ainsi que de conflit d'intérêts.

Le premier devoir incorpore certains principes jurisprudentiels et vise à protéger les droits des membres ou des actionnaires de la personne morale et indirectement ceux de ses créanciers[91]. Ainsi, un administrateur ne peut confondre les biens de cette personne morale avec les siens. Par conséquent, il ne peut ni les utiliser ni utiliser des informations appartenant à la personne morale, à son profit ou à celui d'un tiers, à moins d'y avoir été autorisé par ses membres ou ses actionnaires[92]. Autrement, cet administrateur pourrait faire l'objet d'un recours en dommages et d'une action en reddition de comptes pour l'enrichissement obtenu[93]. Il convient de noter que le consentement requis pour échapper à ce devoir doit provenir des membres ou des actionnaires de la personne morale, ce qui signifie que celui qu'exprimerait son conseil d'administration n'obéirait pas à la lettre de la loi[94].

Le devoir de confidentialité imposé à un administrateur ou à un cadre supérieur est, selon la jurisprudence, plus intense que celui imposé à un simple employé[95]. Quoiqu'il en soit, cet adminis-

---

90. Art. 322 C.c.Q.

91. MINISTÈRE DE LA JUSTICE, *op. cit.*, note 3, Tome II, Livre 1, Des personnes, art. 323, p. 217.

92. Art. 323 C.c.Q.

93. Art. 2146 C.c.Q.

94. P. MARTEL, *loc. cit.*, note 82, 213.

95. Voir *supra*, p. 128.

trateur ne pourrait utiliser pour lui une occasion d'affaires[96] ou utiliser des renseignements confidentiels de nature commerciale tels des listes de clients[97] et encore moins des secrets de fabrique.

Ce qui constitue un avantage majeur pour la personne morale est que celle-ci n'aura pas à prouver la fraude ou faute lourde commise par l'un de ses administrateurs, mais simplement l'agissement en soi commis par celui-ci ou le conflit d'intérêts. Autrement dit, le succès du recours que pourrait intenter la personne morale ne dépendra pas du dommage causé mais plutôt de la simple commission de l'acte posé[98].

Quant au deuxième aspect du devoir d'honnêteté et de loyauté, expressément énoncé par le Code civil, il porte sur l'obligation d'éviter les conflits d'intérêts. Ce faisant, l'administrateur doit obligatoirement dénoncer à la personne morale tout intérêt dans une entreprise ou une association en mesure de le placer en situation de conflit, tout comme les droits qu'il pourrait faire valoir contre cette entreprise ou association, tel le paiement d'une commission ou l'octroi d'une option de souscription à des actions[99]. Toute dénonciation doit être consignée au procès-verbal du conseil d'administration[100]. Il convient de rappeler que la *Loi sur les sociétés par actions* (loi fédérale) impose aux administrateurs ainsi qu'aux dirigeants d'une société une obligation de divulgation similaire, lorsqu'ils sont partie à un contrat ou à un projet de contrat avec celle-ci, lorsqu'ils occupent une même fonction dans une société partie à un tel contrat ou projet ou lorsqu'ils possèdent un intérêt

---

96. Voir notamment *Canadian Aero Service c. O'Malley*, [1974] R.C.S. 592.

97. Voir notamment *Alberts c. Mountjoy*, [1977] 2 B.L.R. 170 (C.S. Ont).

98. P. MARTEL, *loc. cit.*, note 82, 213.

99. *Id.*, 214; art. 324 C.c.Q.

100. *Ibid.*

important dans cette dernière société[101]. Auxquels cas, un administrateur ou un dirigeant doit s'abstenir de participer au vote sur la résolution portant sur l'approbation du contrat, sauf pour quelques exceptions n'entraînant pas de conflit d'intérêts[102]. En vertu du *Code civil du Québec*, l'administrateur doit aussi s'abstenir de voter sur la résolution portant sur un contrat entre la personne morale dont il est l'administrateur et lui-même, sauf s'il s'agit de certains aspects de son contrat d'emploi, soit sa rémunération ou ses conditions de travail[103].

À défaut d'une dénonciation lorsque requise, un tribunal a le pouvoir d'annuler le contrat auquel est partie l'administrateur et de lui ordonner de remettre à la personne morale le profit réalisé ou l'avantage reçu[104].

3. LE DEVOIR DE COOPÉRATION

Il est possible de distinguer un troisième devoir imposé à un cadre supérieur, et donc à un administrateur qui peut être considéré comme tel, et qui constitue un corollaire à son obligation de loyauté et de travail. Ce devoir, développé par la jurisprudence, est celui de manifester un comportement coopératif proportionnel à sa position hiérarchique dans l'entreprise[105]. Le contenu de ce devoir est, d'une part, de ne pas causer de tort dans l'exécution de son travail et d'autre part, de prendre les moyens appropriés pour

---

101. Précitée, note 83, art. 120 (1).

102. *Id.*, art. 120 (5).

103. Art. 325 C.c.Q.

104. Art. 326 C.c.Q.

105. A. Edward AUST, «Les obligations de loyauté, de diligence et de coopération du cadre supérieur», dans *Développements récents en droit du travail* (1993), *Formation permanente du Barreau du Québec (F.P.B.Q.)*, Les Éditions Yvon Blais Inc., 1993, 58.

atteindre les buts recherchés. En cas d'inexécution, ce devoir peut justifier un congédiement[106].

En conclusion, il est clair que la bonne foi et la loyauté colorent le contrat de mandat confié à un administrateur et que l'expression de ces qualités doit être, à la fois, objectivement et subjectivement manifeste. Par ailleurs, compte tenu des sanctions prévues par la loi en cas d'inexécution de ses devoirs, tout administrateur se doit de réfléchir sur son engagement à ce titre et sur son association avec d'autres qui, comme lui, doivent faire preuve de la plus haute intégrité.

LES DEVOIRS D'UN ADMINISTRATEUR

1. Prudence et diligence

(l'effort de réaliser son mandat et la compétence requise)

Contreviennent à cette obligation :

– incompétence ;

– négligence.

2. Honnêteté et loyauté

Contreviennent à cette obligation :

– confondre ses biens avec ceux de la corporation ;

– conflits d'intérêts.

3. Coopération

(proportionnelle au niveau hiérarchique)

---

106. *Id.*

L'abus de confidentialité

♦ par un employé : contrevient à son obligation découlant de son contrat de travail par le biais de la responsabilité contractuelle ;

♦ par un tiers en relation d'affaires avec une entreprise : contrevient à son devoir de loyauté par le biais de la responsabilité contractuelle ;

♦ par un tiers sans relation particulière avec une entreprise : contrevient à son devoir de bonne conduite par le biais de la responsabilité extracontractuelle.

LA RESPONSABILITÉ PERSONNELLE D'UN ADMINISTRATEUR

La responsabilité personnelle et pénale des administrateurs et des dirigeants constitue la sanction de certains devoirs qui leur sont imposés, plus particulièrement en matière d'environnement et de santé et sécurité au travail. Enfin, leur responsabilité personnelle pourrait être engagée en cas de fraude au détriment de la personne morale.

Depuis quelques années, ceux qui acceptent des fonctions de direction sont davantage conscients et parfois inquiets des répercussions personnelles que peut entraîner ce choix. Nul doute que la décision rendue par la Cour de justice de l'Ontario (division pénale) dans *La Reine c. Bata Industries Ltd* et pour l'essentiel, confirmée par la Cour d'appel[107], y est pour quelque chose. En effet, par cette décision, deux administrateurs de la compagnie en cause ont été personnellement condamnés à verser des amendes, tout comme la compagnie elle-même et ce, pour avoir autorisé le versement de déchets industriels dans le sol, contrevenant ainsi à

---

107. [1992] 7 C.E.L.R. (N.S.) 245 ; en appel, [1993] II C.E.L.R. (N.S.) 208. Ci-après désignée « L'affaire Bata ».

la loi ontarienne sur l'environnement. En outre, le tribunal a expressément interdit à la compagnie d'assumer elle-même les amendes exigées de ses administrateurs et cette mesure fut maintenue par la Cour d'appel.

L'affaire Bata pose les jalons du devoir de diligence raisonnable d'un administrateur imposé par les lois applicables en matière d'environnement et de santé et sécurité au travail. Nous aborderons donc ce devoir à la lumière des lois québécoises régissant ces matières ainsi que de l'affaire Bata. Par la suite, nous traiterons de la responsabilité personnelle des administrateurs et des dirigeants, en cas de fraude ou d'abus de droit.

1. LE DEVOIR DE DILIGENCE RAISONNABLE ET SES SANCTIONS

La *Loi sur la qualité de l'environnement* du Québec sanctionne la commission d'actes prohibés tels l'émission, le dépôt, le dégagement ou le rejet dans l'environnement, soit d'un contaminant au-delà de la quantité ou de la concentration prévues par le règlement gouvernemental, soit d'un contaminant interdit ou susceptible de porter atteinte à la santé des personnes ou à la qualité de l'environnement. Cette loi sanctionne aussi une faute d'omission, soit celle de permettre simplement la commission de l'un de ces actes[108].

Tout comme toute autre personne, l'administrateur ou le dirigeant d'une personne morale pourrait être personnellement condamné pour avoir émis ou permis l'émission d'un contaminant, dans la mesure où la violation en cause est établie hors de tout doute raisonnable[109]. Par ailleurs, l'un ou l'autre pourrait aussi être tenu responsable pour avoir permis la commission d'un acte de pollution, même s'il n'avait pas une connaissance personnelle des circonstances entourant sa commission. S'il était, de par ses fonc-

---

108. L.R.Q., c. Q-2, art. 20.

109. *Id.*, art. 106.1.

tions, en mesure d'intervenir, sa responsabilité personnelle, comme l'a décidé la Cour suprême du Canada dans *La Reine c. Sault Ste-Marie*[110], pourrait être engagée à titre principal. La doctrine québécoise confirme d'ailleurs la pertinence de cette décision lorsqu'il s'agit d'établir les paramètres de la responsabilité personnelle d'un administrateur ou d'un dirigeant québécois[111].

Cette même doctrine considère aussi que les commentaires livrés par le tribunal dans l'affaire *Bata,* portant sur la défense de diligence raisonnable, devraient inspirer la réflexion de tout administrateur ou dirigeant d'entreprise[112].

Afin de déterminer si les administrateurs de la compagnie avaient ou non agi d'une manière diligente, le tribunal de première instance dégagea certaines normes de conduite applicables à ceux-ci, dont les suivantes:

♦ les administrateurs doivent non seulement prendre connaissance des rapports touchant les questions environnementales, mais prendre aussi les moyens nécessaires pour être informés;

♦ ils doivent s'assurer que les problèmes ou questions soulevés par les organismes gouvernementaux sont traités par les instances corporatives appropriées;

♦ ils doivent connaître les normes environnementales applicables aux activités de la compagnie;

♦ ils doivent immédiatement et personnellement agir lorsqu'ils sont mis au courant qu'une infraction à une norme en-

---

110. [1978] 2 R.C.S. 1299.

111. Voir l'excellent article de Guy DES ROSIERS, «La responsabilité pénale des administrateurs et dirigeants en matière d'environnement», (1992) 52 *R. du B.*, 715, 725-726.

112. *Id.,* 730.

vironnementale a été signalée et que son processus de correction s'est avéré inefficace.

Le tribunal a souligné que le contenu du devoir de diligence raisonnable d'un administrateur variait en fonction de ses propres pouvoirs et responsabilités. Plus cet administrateur est en position de prévenir une infraction, plus sa responsabilité personnelle risque d'être engagée. Par ailleurs, il est clair que l'établissement d'un dossier écrit est indispensable pour soutenir la défense de diligence raisonnable et que ce dossier doit exister, tout comme des politiques, des directives et des règles afin de résoudre adéquatement les problèmes environnementaux connus ou prévisibles[113].

La loi québécoise sur l'environnement sanctionne aussi le comportement d'une personne, quel que soit son statut, impliquée à titre de complice dans la commission d'un acte polluant, soit par l'accomplissement ou l'omission d'accomplir quelque chose en vue d'empêcher une autre personne à commettre cet acte, soit par le fait de l'avoir conseillée, encouragée ou incitée à le faire[114]. Dans ce cas, la poursuite devra établir que l'accusé avait pleine connaissance des éléments constitutifs de l'infraction[115].

Quant à la *Loi sur la santé et la sécurité du travail* du Québec, elle impose à un employeur, tout comme aux employés, certaines obligations destinées à assurer un milieu de travail sain et à préserver la santé de ces employés. En vertu de cette loi, toute personne, physique ou morale, peut être poursuivie pour avoir contrevenu à une obligation. Entre autres, advenant qu'une personne morale (corporation ou compagnie) ait commis une infraction, tout administrateur, directeur, dirigeant ou employé qui a ordonné, autorisé ou consenti à sa commission, est présumé y avoir participé et peut

---

113. L'affaire Bata, jugement de première instance, précitée note 107, 31 et suiv.

114. Précitée, note 108, art. 109.2.

115. G. DES ROSIERS, *loc.cit.*, note 111, 727.

être poursuivi personnellement, que la personne morale ait été ou non poursuivie, reconnue coupable ou non coupable[116].

La défense de diligence raisonnable constitue, pour un administrateur ou pour un dirigeant, le seul moyen de se disculper d'une poursuite intentée en vertu de la *Loi sur la santé et la sécurité du travail* et ce, en établissant une preuve prépondérante de l'accomplissement de ce devoir. L'un ou l'autre devra être en mesure de démontrer qu'il a agi avec prudence ou diligence ou qu'il ne pouvait, par des moyens raisonnables, avoir eu connaissance qu'une infraction serait commise[117], et que l'infraction a été commise à son insu, sans son consentement et malgré les dispositions prises pour prévenir sa commission.

Les sanctions prévues par les lois discutées ci-dessus consistent au versement d'amendes[118]. Deux questions se posent alors. La personne morale pourrait-elle être tenue de rembourser les amendes exigées de l'un de ses administrateurs ou dirigeants? Un tribunal pourrait-il interdire ce remboursement?

La loi fédérale régissant les compagnies ou sociétés par actions autoriserait le remboursement d'amendes et l'imposerait, dans la mesure où l'administrateur ou le dirigeant a agi honnêtement et de bonne foi, dans les meilleurs intérêts de la compagnie, et qu'il avait des motifs raisonnables de croire que sa conduite était légale[119]. En vertu de la loi québécoise régissant les compagnies, celles-ci ne peuvent rembourser le paiement d'une amende imposée à un administrateur ou à un dirigeant. Toutefois, elles sont tenues d'acquitter les frais de leur défense si, tout comme pour

---

116. L.R.Q., c. S-2.1, art 241.

117. *Id.*

118. *Loi sur la qualité de l'environnement*, précitée, note 108, art. 106.1 (a); *Loi sur la santé et la sécurité du travail*, précitée, note 116, art. 236.

119. *Loi sur les sociétés par actions*, précitée, note 83, art. 124 (1).

l'administrateur ou pour un dirigeant d'une compagnie fédérale[120], l'administrateur et le dirigeant québécois avaient des motifs raisonnables de croire que leur conduite était légale ou qu'ils ont été libérés ou acquittés[121].

Il convient de mentionner que les polices d'assurance destinées à couvrir les actes des administrateurs et des dirigeants excluent, généralement, le paiement d'amendes imposées par la loi.

Enfin, il semble qu'actuellement les tribunaux ne possèdent pas, en vertu de chacune des lois qui nous occupent, un pouvoir d'ordonnance suffisamment large pour interdire le remboursement d'une amende imposée à un administrateur ou à un dirigeant.

Comme l'écrit, avec justesse, Guy Des Rosiers, la question à laquelle une entreprise doit s'empresser de répondre est la suivante: «*How green is my Boardroom*[122]?»

2. LA FRAUDE, L'ABUS DE DROIT ET LEURS SANCTIONS

De droit nouveau, l'article 316 du *Code civil du Québec* stipule que toute personne intéressée peut demander à un tribunal de tenir responsables les fondateurs, les administrateurs, les dirigeants ou les membres (actionnaires) d'une personne morale, advenant que ceux-ci aient participé à un acte frauduleux envers cette personne et qu'ils en aient tiré un profit personnel.

Contrairement à d'autres recours similaires possibles en vertu du *Code de procédure civile*[123] de la loi fédérale régissant les

---

120. *Id.*

121. *Loi sur les compagnies*, précitée, note 83, art. 123. 87.

122. Titre d'un bulletin d'information publié par le cabinet d'avocats Ogilvy Renault, Vol. 3, N° 2, mai 1992.

123. L'action dérivée de l'article 33, *Code de procédure civile du Québec* (C.P.C.Q.)

compagnies ou sociétés par actions[124], ce recours ne vise que l'obtention de dommages-intérêts et ne peut mener à la nullité de l'acte. Il n'accorde par non plus au tribunal le pouvoir, comme le fait ladite loi fédérale, de faire enquête sur les affaires de la compagnie; en conséquence, seules les personnes ayant accès aux livres et aux registres de la compagnie seraient en mesure de rassembler la preuve de faute requise pour intenter avec succès le recours[125].

Par ailleurs, le Code civil codifie la théorie dite du «soulèvement du voile corporatif» selon laquelle un tribunal, dans certaines circonstances, peut faire abstraction de la personnalité juridique distincte de la compagnie et assimiler celle-ci à ses principaux actionnaires ou à ses dirigeants.

Selon la règle consacrée par le Code, la personnalité juridique d'une personne morale ne peut servir à masquer des actes frauduleux, abusifs ou contraires à l'ordre public; auxquels cas, cette personnalité juridique ne peut être invoquée contre un tiers de bonne foi.

Ainsi, selon Paul Martel, il est possible d'envisager qu'un recours en dommages-intérêts, intenté par un employé congédié d'une manière abusive, puisse être intenté contre le décideur de la personne morale, personnellement, même si le décideur a pris sa décision au nom de la compagnie ou de la corporation. De plus, la responsabilité personnelle des dirigeants de la compagnie pourrait être recherchée en cas de contraventions à l'ordre public, par exemple en matière de santé et de sécurité publique[126].

---

124. L'action dérivée prévue à l'article de la *Loi sur les sociétés par actions*, précitée, note 93, art. 238.

125. P. MARTEL, *loc.cit.*, note 82, 207.

126. *Id.*, 205.

La prudence dicte donc à tout administrateur et à tout dirigeant de s'assurer personnellement que la gestion de leur entreprise respecte des standards élevés d'intégrité et de bonne foi.

ÉPILOGUE

Il est manifeste que le nouveau droit civil québécois ne se réduit pas à un ensemble de règles formelles qu'une mauvaise foi habile pourrait toujours contourner. En effet, la réforme du Code civil vise une adhésion, tant subjective qu'objective, au nouveau contrat social qu'elle propose.

Plusieurs principes issus de la morale ont été consacrés juridiquement. Certains avaient été préalablement reconnus par la jurisprudence, telle la notion de bonne foi ou le devoir de loyauté et de confidentialité d'un employé ou d'un administrateur. La première notion et la philosophie du droit de la consommation ont, par ailleurs, donné naissance à une obligation de transparence dans les contrats, à une notion d'équité plus étendue ainsi qu'à une meilleure protection contre l'abus de pouvoir au bénéfice de la partie économiquement vulnérable ou ne pouvant refuser de contracter avec une autre, cette dernière forte de sa position de monopole ou de quasi-monopole.

En outre, le principe de la primauté de la personne humaine et de son intégrité physique et morale que consacre la *Charte des droits et libertés de la personne* a pavé la voie à un devoir plus exigeant de réparer le dommage que l'on cause à autrui ainsi qu'à une meilleure indemnisation des victimes.

En clair, les individus ou les entreprises doivent honorer leurs engagements et assumer la responsabilité de leurs actes sous l'œil vigilant d'un législateur contemporain et innovateur.

Dans leurs rapports de travail, employés, administrateurs et dirigeants doivent faire preuve de bonne foi, d'intégrité et de loyauté. Ces deux dernières vertus illustrent bien l'importance de la morale dans l'évolution du droit civil québécois.

Choix de règles mais aussi choix de valeurs.

La gestion d'une entreprise devra s'ajuster à l'émergence d'un droit civil plus responsable, plus intransigeant. En matière de santé, de sécurité au travail et d'environnement, ce droit se double de lois axées sur une reddition de compte personnelle et corporative.

Une gestion de laissez-faire ne peut faire contrepoids à la version contemporaine de la responsabilité d'une entreprise. De ses administrateurs ou de ses dirigeants, l'on exige la diligence, la loyauté, l'intégrité. De l'entreprise, une culture et une gestion corporatives qui non seulement requièrent ces qualités, mais qui permettent aussi à leurs titulaires de les exprimer.

Chapitre **VII**

Les valeurs et le design organisationnel:
genèse d'une firme éthique
RODERICK J. MACDONALD ET PATRICK PICHETTE

Chapitre **VIII**

Les communications dans l'entreprise et
la gestion des valeurs
JEAN ROBILLARD

Chapitre **IX**

L'ABC de la morale
RODERICK J. MACDONALD

N ous avons un beau défi devant nous : renouer avec nos ancêtres, non pas dans un esprit réactionnaire, mais dans le désir de réaliser leurs rêves d'une société juste et prospère où il est agréable de vivre. Réaliser leurs rêves et les dépasser. Ce n'est pas la tâche du gouvernement. C'est la tâche de toutes les personnes prêtes à se serrer les coudes entre concitoyens et concitoyennes de bonne foi. C'est donc la tâche des entreprises, l'une des associations humaines la plus répandues. Voilà le message des parties 1 et 2.

Mais que faire au juste ? Écrire de la poésie ? Convertir les entreprises en œuvres de charité ? En voilà une perversion, tant de la notion d'entreprise que de celle de la charité...

La réalisation des valeurs est l'ouvrage de tous et toutes, et de chacun et chacune. Là où il y a un être humain, il y a une occasion pour mettre les valeurs à l'œuvre. Dans la gestion, entre autres. Les visées humanitaires ne sont pas un genre de manteau que l'on accroche à la patère en entrant au bureau.

Le problème n'est pas que les gens ne veulent pas être justes ; cela peut arriver, mais c'est moins fréquent. Le problème, c'est qu'il faut **apprendre** à être justes. La plupart d'entre nous ont acquis des connaissances assez avancées dans leur champ de travail, soit par les études, soit par l'expérience, mais ces mêmes gens sont au primaire en ce qui concerne leurs connaissances de l'éthique. Or, les concepts correspondant au primaire ne sont que de faibles ébauches face à la complexité et à la sophistication des affaires modernes. Ces gens-là sont donc un peu handicapés, car ils sont forts en technique mais faibles en ce qui est fondamentalement humain.

Il faut remédier à cet état de choses en prenant un peu plus au sérieux la connaissance de l'éthique. Il ne s'agit pas d'apprendre des théories compliquées (la plupart inapplicables), mais plutôt d'avoir la perspective que nous procurent quelques idées bien ordonnées.

La troisième section de ce livre présente justement ces fondements.

Les valeurs et le design organisationnel, par Patrick

Pichette et Roderick J. Macdonald, explique comment procéder pour incorporer les valeurs dans la gestion de l'entreprise. Dans le chapitre VIII, Jean Robillard esquisse les grandes lignes du rôle des communications à l'intérieur de l'entreprise. Enfin, le chapitre IX, intitulé *L'ABC de la morale*, couvre les éléments de base de l'évaluation morale et, laissant de côté la théorie, développe une approche qui ne s'éloigne pas du gros bon sens. L'annexe fournit des notions théoriques pour ceux et celles qui le désirent.

Roderick J. Macdonald est professeur au département de sciences administratives de l'UQAM depuis 1982. Auparavant, dans la «vraie vie», il a travaillé comme vendeur et comme analyste financier chez Dun & Bradstreet, et comme gestionnaire chez Black Tie Films. Il detient un Ph.D. en philosophie, une MBA, une maîtrise et un baccalauréat en arts. Il a été professeur invité en Aston University, Angleterre, IDE à Guayaquil (Equateur), IESE à Barcelone, et conférencier, conseiller ou formateur dans l'entreprise au Québec et ailleurs. Presque toutes ses publications antérieures portent sur la création de la richesse et la genèse de nouveaux secteurs industriels par l'exploitation de nouvelles technologies. Il est membre du comité de sélection (pour le Canada) IESE (Barcelone). Il est aussi officier ou directeur de la Fondation Sérénitas, IRCD (Institut pour la recherche, la communication et le développement), LINCCO (L'Institut pour la culture et la coopération), et le East Asia Educational Association Ltd (Hong Kong).

B I O G R A P H I E

BIOGRAPHIE

Patrick Pichette est diplômé en administration de l'Université du Québec à Montréal et diplômé en *Philosophy, Politics and Economics* de l'université d'Oxford, où il fut boursier Rhodes. Engagé comme consultant chez McKinsey et Cie, il a passé cinq ans dans la consultation, notamment dans le redressement d'entreprise, la restructuration financière et opérationnelle des plus grandes corporations canadiennes et le développement organisationnel. C'est vers la fin de cette période qu'il s'est intéressé aux thèmes du chapitre actuel. Depuis septembre 1994, il est vice-président et *Chief Financial Officer* de Call Net Enterprises, dont la filiale la plus connue est Sprint Canada Inc. Très sportif, il aime le hockey, le canotage, le vélo et le camping. Mais son premier amour reste sa famille.

LES VALEURS ET LE DESIGN ORGANISATIONNEL: GENÈSE D'UNE FIRME ÉTHIQUE

RODERICK J. MACDONALD
PATRICK PICHETTE

INTRODUCTION

Comment une organisation peut-elle être conçue et dirigée de façon à favoriser ses propres comportements éthiques ainsi que ceux de ses membres? Nous répondrons à cette question en proposant un programme d'éthique coordonné impliquant une déclaration de valeurs corporatives, un code de déontologie ainsi que des procédures s'échelonnant depuis l'embauche jusqu'à la formation et aux plans de promotion. Pour arriver à concevoir un design organisationnel propice, vous devrez:

1 Examiner **la mission** de la firme afin de dresser une courte liste de ses valeurs paramétriques. Au sens très restreint de la portée des **produits** et des **marchés** de la corporation, cette mission est orientée vers certaines valeurs plus déterminantes que d'autres. Alors qu'un effort est effectué pour les respecter dans leur globalité, certaines valeurs priment et sont au cœur de l'effort de gestion de la firme.

2 Formaliser l'ensemble réduit de valeurs obtenu à l'issue de ce processus dans une **déclaration de valeurs** ou une déclaration de philosophie corporative. Cet ensemble différenciera votre programme d'éthique de celui des autres firmes. Évidemment, chacun est supposé observer toutes les normes d'éthique, mais certaines de ces normes sont plus déterminantes que d'autres pour une mission donnée. Ainsi, la confidentialité est fondamentale pour la recherche et le développement ou lorsqu'il y a de la manipulation d'informations délicates concernant un client. Elle n'est toutefois pas un facteur clé pour certaines entreprises, McDonald's, par exemple, bien qu'elle y soit quand même une question importante, comme dans le cas de n'importe quelle autre firme.

3 Étudier les circonstances afin de déterminer les points de vulnérabilité pouvant devenir des **sources de comportements non éthiques**. Nous verrons que le type d'industrie, l'intensité de la concurrence, certains éléments de la structure organisationnelle ainsi que les conditions sociales constituent des facteurs susceptibles d'occasionner des comportements défavorables.

4 Concevoir, sur la base de la déclaration des valeurs et de l'évaluation des sources de comportements non éthiques, un design organisationnel favorisant l'**éthique** dans votre firme. Ce design comprendra les gens, la culture organisationnelle ainsi qu'un programme d'éthique incluant a) la politique corporative, b) les communications, c) l'entraînement, d) le code de conduite et e) le contrôle.

INTRODUCTION

Qu'a-t-on à gagner en faisant un effort concerté pour instaurer une organisation favorisant l'éthique dans l'entreprise ? Le premier gain est une plus grande unité de direction, une loyauté et un dévouement accrus de la part de tous les employés de la corporation, incluant le plus haut niveau de gestion. Ce gain est attribuable à une plus grande cohérence entre les convictions de chacun et chacune et la réalité quotidienne de leur travail. Le second gain se manifeste par une réciprocité venant des autres parties prenantes de la firme. Cette réciprocité n'est pas garantie, car elle dépend d'efforts volontaires. Le troisième gain consiste en une capacité accrue de changement au sein de l'organisation, parce qu'à mesure que les valeurs sont maintenues constantes et incontournables, tous les autres genres de changements deviennent plus facilement concevables et légitimes[1].

Le prix à payer est cependant élevé pour une implantation à l'aveuglette du management éthique. Une organisation québécoise l'a appris, après avoir implanté une approche originale de gestion éthique. La haute direction, voulant corriger des comportements inappropriés chez ses employés, décida de passer son message par le biais de l'agenda de table de la compagnie. Tous les employés reçurent donc un agenda de table, dans lequel des mises en situation illustraient des situations réelles accompagnées d'un commentaire au sujet des façons éthiques et non éthiques d'agir dans de telles circonstances. La majorité des employés eurent la réaction de jeter l'agenda dans la corbeille à papier. En somme, une approche trop simpliste dans la gestion de l'éthique a pour effet de créer une frontière entre la haute direction et les bas échelons de l'organisation.

Une partie de la recherche ayant servi à ce chapitre impliquait des visites dans plusieurs firmes, surtout dans la région de Montréal. Toutes avaient implanté des éléments de gestion éthique, mais seules quelques-unes reconnaissaient faiblement le lien entre les aspects positifs de l'éthique et la performance de la firme, particulièrement en ce qui concernait les concepts de qualité totale. Finalement, aucune ne disposait de tous les éléments que nous introduirons, et aucune ne fonctionnait systématiquement avec les mesures correctives, même si la plupart possédaient un code de

---

1. Plusieurs académiciens croient que cette dernière affirmation n'est pas réaliste, car il est normal que des personnes différentes aient des opinions différentes... Ils oublient cependant qu'en affaires, on doit faire face à la réalité, qui impose très souvent son propre consensus à toutes les parties. D'autre part, qui examine la mission ? Il faut se souvenir que l'analyse fait partie de l'implantation. Il est donc important de mettre à contribution d'autres personnes que la seule haute direction, peut-être même les fournisseurs et les autres parties prenantes, y compris les clients. Le but est d'abord d'obtenir un engagement, puis de l'information. Il n'est surtout pas de donner l'impression que la haute direction ne sait pas ce qu'elle fait.

déontologie. Il n'y avait pas d'agenda dans la corbeille à papier, mais des graffitis sur des affiches, et il est possible que des recherches plus approfondies dans certaines firmes auraient révélé d'autres signes de division.

L'approche esquissée dans ce chapitre n'est pas une méthode magique. Il est possible d'avoir du succès sans la suivre, et il est également possible d'échouer en l'utilisant. Elle ne remplace pas la compétence. Par contre, elle offre un plan clair et raisonnable permettant d'incorporer l'éthique dans les activités principales de la gestion opérationnelle et stratégique. Elle est conforme à l'esprit du management contemporain, et tout le vocabulaire technique utilisé est issu d'écoles reconnues de sciences de la gestion. N'importe quelle firme québécoise constatera qu'elle a déjà implanté une partie de l'approche et que ses gestionnaires peuvent maintenant devenir conscients du potentiel et des dangers de ce qu'ils et elles ont déjà accompli.

Voici certains principes pratiques de cette approche. Le premier est le *réalisme* : la firme doit connaître le succès, et il est impertinent de mettre sur pied une organisation éthique qui disparaîtra du jour au lendemain. Ce principe ne constitue pas un compromis, mais plutôt un avertissement contre l'utopisme. Le deuxième principe est la *liberté* : une organisation est composée d'adultes responsables ayant des tâches fiduciaires. Cette responsabilité fondamentale et cette liberté doivent être reconnues. Ce principe de liberté donne à la firme un énorme potentiel qui s'affaiblira dans une atmosphère de camp de concentration nazi composés de sergents d'éthique et de mots d'ordre dominant la culture organisationnelle. Le troisième principe est le *cheminement graduel* : ni l'organisation ni les individus ne changeront fondamentalement du jour au lendemain. Il y a beaucoup de sagesse dans l'affirmation selon laquelle les gens s'améliorent, mais ne changent pas. Là encore, ce n'est pas un compromis sur un principe, mais plutôt une invitation à être optimiste et non puritain.

L'INSUFFISANCE DES CODES DE CONDUITE ET LE BESOIN D'UN PROGRAMME D'ÉTHIQUE COMPLET

La façon la plus naïve de développer un comportement éthique chez les membres de l'organisation est de recourir à un consultant externe pour rédiger un code de conduite éthique et d'appliquer ensuite celui-ci dans la firme. Cela ne signifie pas que les codes de conduite sont inutiles, mais plutôt que le code de conduite n'est qu'une partie d'un grand effort global, et qu'il n'est en lui-même qu'un instrument de relations publiques qui pourrait même se révéler embarrassant plus tard, si son inefficacité devenait évidente.

Une simple statistique peut démontrer ce qui précède. La première préoccupation éthique du management comptable est de fournir de l'information exacte sur la performance financière de la firme et de ses différentes unités administratives en ce qui a trait, par exemple, au revenu net ou au retour sur l'investissement. Or, un sondage auprès des comptables de certaines entreprises américaines signalait, en 1990, que la pression pour arriver à des résultats ciblés (ou «manipulés») était plus importante dans les firmes dotées de codes de déontologie formels. Plus de la moitié des répondants provenant de firmes pourvues d'un code formel se sentaient poussés à atteindre un objectif fixé en fonction du revenu net, comparativement à 34 % chez les répondants de firmes sans code formel. Cette différence était encore plus frappante pour le rendement sur investissement (ROI): 51 % des répondants de firmes possédant un code formel se sentaient poussés à manipuler leurs résultats, comparativement à seulement 27 % dans les firmes sans code[2].

Quels messages ce sondage livre-t-il? Le premier, c'est que les compagnies intéressées à avoir un code de conduite sont aussi, souvent, celles qui exercent de la pression pour concocter des

---

2. Anne J. RICH, Carl S. SMITH et Paul H. MIHALEK. «Are Corporate Codes of Conduct Effective?», dans *Management Accounting*, septembre 1990, p. 35.

résultats : les grandes firmes où les cadres intermédiaires ayant du pouvoir sont évalués en fonction du compte rendu sur papier de leurs performances. Les gens utilisant une béquille ont en général une jambe cassée. Il n'en découle pas pour autant qu'il est dangereux d'utiliser une béquille...

Le deuxième message, c'est que le code de conduite ne contribue pas beaucoup, à lui seul, à éliminer le problème de la pression pour atteindre certains résultats visés.

Ces deux facteurs concourent à ligoter les hauts dirigeants des grandes firmes en raison de la complexité de leur organisation. Ceux-ci doivent avoir recours aux codes de conduite afin d'assumer leurs responsabilités en ce qui concerne la conduite éthique des membres de l'organisation ; toutefois, comme le code n'a aucun autre pouvoir que celui d'informer sur les principes, il peut aussi bien se retourner contre les dirigeants, mettant en évidence certaines attitudes indésirables de leurs employés.

La plupart de nous distinguons le bien du mal et savons que le problème ne provient pas de cette distinction, mais du support apporté à l'employé pour effectuer cette distinction et agir en conséquence[3]. «Certainement que c'est mal, pense peut-être votre employé, mais si je ne le fais pas, qui aura des problèmes après?».

Les affaires ne sont pas bâties sur des principes de vol ou de fraude, mais sur l'échange de services honnêtes contre un prix que le consommateur est prêt à payer. La tricherie consiste en de petites pratiques douteuses qui s'accumulent dans les traditions de la firme ou dans la façon de fonctionner de toute l'industrie. Ces façons de procéder ne sont pas faciles à modifier, et il est presque impossible, pour un employé, d'y résister. L'échange est essentiellement entre

---

3. Barbara Ley Toffler a souligné cela en étendant les fondements pour une approche vraiment managériale à l'éthique en affaires. TOFFLER, Barbara Ley. *Tough choices : managers talk ethics*, New York, Toronto, J. Wiley, 1986, p. 372.

son emploi et une pratique ayant été suivie par les trois précédents occupants de sa position actuelle. En voici quelques exemples :

♦ On s'attend à ce qu'un vendeur débutant fasse une requête pour des marchandises défectueuses, dans le but d'obtenir un rabais pour un gros client.

♦ Un livreur charge plusieurs lots de marchandises et les fait transporter par camion au coin de la rue, afin de pouvoir déclarer plus de distributions pour le semestre. Ces lots sont ensuite laissés chez des clients qui se font dire que l'erreur va simplement être corrigée, puis on leur offre des rabais pour conserver la marchandise.

♦ Un comptable capitalise l'achat de pièces utilisées afin de maintenir et peut-être marginalement améliorer la performance de certaines machines, pour présenter de meilleurs résultats concernant les coûts de production.

Confronté à de telles situations, l'employé réagit souvent en n'y portant aucune attention. Le résultat est une accumulation de pratiques non professionnelles dans le fonctionnement de la firme, et cette accumulation ne connaîtra aucun répit.

L'héritage sera une organisation qui aura abdiqué devant ses véritables responsabilités : un fabricant de tapis ne connaissant pas ses vrais coûts, ni la qualité et la fiabilité de ses modes de fabrication ; un fabricant multidivisionnaire ne connaissant pas la nature cyclique d'une partie de son entreprise, qui fausse des données ou qui perd la loyauté d'employés clés et se détourne de certains de ses clients, etc. Le geste isolé est simplement mauvais mais son effet rétroactif, dans l'organisation, prend la forme d'une gestion de plus en plus ténébreuse.

Dans une telle situation, quel est l'impact du code de conduite ? Certaines firmes exigent de leurs nouveaux employés qu'ils lisent et signent leur code de conduite. Ce faisant, ces derniers considèrent qu'il peuvent être manipulés, mais qu'ils n'ont pas le choix. Le code de conduite représente pour eux un contrat à sens unique, élaboré par la partie la plus puissante.

Il s'agit ici de la seule conclusion provenant de recherches empiriques considérables sur les codes de conduite corporatifs. D'ailleurs, de tels codes semblent avoir de faibles répercussions sur la conduite de l'organisation et de ses membres[4]. Les recherches empiriques ont confirmé ce que le bon sens et l'expérience de plusieurs cadres exécutifs ont longtemps mis en évidence : les codes de conduite seuls n'ont aucune efficacité. Une étude a même permis de découvrir que la présence de codes est reliée à une plus grande fréquence des transgressions[5]!

Néanmoins, le code déontologique peut être efficace s'il fait partie d'un effort général de l'organisation pour maintenir ou réformer certains comportements. Les paroles s'envolent, mais les écrits restent. Ils fournissent le point de départ d'une discussion sur toute différence d'opinions concernant une action déterminée. Ils renforcent l'engagement. Ils fournissent une norme pouvant atteindre tous les employés, sans égard ni aux limites géographiques, ni aux fonctions dans l'entreprise.

Bien entendu, un code peut donner naissance à des problèmes d'interprétation, mais même le fait d'être confronté à ces problèmes peut représenter un pas en avant. Le code remplit trois fonctions différentes : il éduque, il incite et il réglemente[6]. Cependen-

---

4. Voir L.J. BROOKS, «Corporate Ethical Performance: Trends, Forecast and Outlooks», *Journal of Business Ethics*, janvier 1989, p. 31-38; MATHEWS, Cash, *Strategic intervention in organization : resolving ethical dilemmas.* Newbury Park Californie, Sage Publications, c. 1988.

5. C. MATHEWS, *op cit.*

6. Gerald Vinten a souligné ces trois fonctions distinctes dans le domaine de l'éthique en affaires: «Busybody or Corporate Conscience?», *Leadership and Corporate Development Journal* 1990, vol. 11, no 3, p. 12-21. Cependant, nos explications diffèrent et nous voyons ces fonctions comme simultanées plutôt qu'alternatives. Cela contribue probablement à placer le code au sein du design organisationnel en entier.

dant, il ne peut remplir ces fonctions que s'il fait partie d'un programme plus large; ce programme doit à son tour être supporté par la culture organisationnelle; enfin, les gens à l'intérieur de la firme doivent s'engager. Si nous comprenons un peu plus comment le comportement non éthique se manifeste (à part l'«égocentrisme» général), le rôle des gens, des programmes et des cultures deviendra évident.

LES DIAGNOSTICS

1. LES SOURCES DE COMPORTEMENTS NON ÉTHIQUES

La haute direction ne peut assurer la conduite éthique de son organisation ni de ses membres simplement en la décrétant sous forme de code de conduite. Cependant, le PDG et la haute direction peuvent améliorer les actions de tous et toutes en incluant ce code dans un programme d'éthique plus large, en le supportant par des actions sur la culture organisationnelle et en établissant une sélection judicieuse des nouveaux employés, particulièrement lorsqu'on s'élève dans la hiérarchie de la compagnie. Mais une grande analyse doit être faite avant de mettre ces étapes à exécution. Sinon, les efforts de la haute direction seront réduits à la maxime «Faites le bien et évitez le mal» et n'auront qu'un léger effet sur les actions de l'organisation et de ses membres. Plus le citoyen moyen s'habituera à l'idée que les firmes possèdent des codes déontologiques, plus la valeur de ces codes généraux deviendra nulle, sinon négative pour les relations publiques.

Une partie de l'analyse doit mettre en évidence la vulnérabilité de la firme face aux conduites non éthiques. Cette vulnérabilité a deux causes de base (voir tableau 1, p. 194): les différentes réalités entrant en jeu pour constituer la firme (les gens, l'industrie, etc.) et la façon dont cette firme est organisée (les processus administratifs, les incitatifs, etc.). Ces causes constituent à la fois des points de **résistance** à la conduite éthique et des **irritants** pouvant même encourager les comportements non éthiques.

a) Les points de résistance à la conduite éthique

Les moralistes classiques ont cité trois sources de comportements non éthiques: la méchanceté, la faiblesse et l'ignorance. Les trois sources s'appliquent au domaine de l'éthique en affaires, autant sur le plan organisationnel qu'individuel, mais nous pouvons les mettre à jour et en spécifier un peu la terminologie.

L'employé peut être méchant en tant qu'individu, c'est-à-dire considérer son propre bien-être comme plus important que celui des autres employés, que celui des clients ou des autres parties prenantes (nous avons tenté d'éviter ce terme) dans la firme. Être méchant ne signifie pas être un élément criminel prêt à faire du mal pour un caprice. Cela veut tout simplement dire avoir une ambition personnelle qui poursuit n'importe laquelle des valeurs humaines de base, au détriment des autres valeurs et des droits d'autrui. Typiquement, la méchanceté se traduit par une obsession du pouvoir, de la vie sentimentale ou de la richesse. N'importe qui peut succomber devant une de ces obsessions, temporairement ou de façon permanente, mais les individus au caractère solide — les vertueux et vertueuses, pour utiliser la terminologie des moralistes — peuvent plus facilement éviter ces pièges. **Une sélection des employés** devient donc un élément clé dans la construction d'une corporation éthique[7].

La faiblesse est souvent la première étape vers la malice et se reconnaît par plusieurs petits incidents, comme le fait d'engager un candidat ou une candidate à un emploi pour des affinités politiques, de perdre rapidement son enthousiasme, de suivre les ordres reçus trop tard ou de façon à faire un trop grand compromis entre les instructions reçues et les difficultés de circonstances, etc. La faiblesse de caractère explique souvent pourquoi des employés très

---

7. Maynard M. DOLECHECK et Carolyn C. DOLECHECK. «Ethics: Take it from the top», *Business*, janvier-mars 1989, p. 14; *A Company's Ethical climate*, note technique du Harvard Business School no 9-392-004, 1991, p. 4.

talentueux ne semblent jamais s'élever à la hauteur de leur talent. Comment la faiblesse peut-elle se traduire dans le langage de l'éthique en affaires? Il faut regarder là où seront testées la force et la faiblesse de caractère des employés: la pression de l'industrie, la pression de la conformité avec les pairs dans la firme[8] ainsi que les incitatifs trop forts à la performance[9]. Ce dernier critère sera étudié sous la rubrique du design organisationnel.

Comment l'industrie influence-t-elle les bons et les mauvais comportements? De deux façons. Premièrement, il est possible que les pratiques communément acceptées dans l'industrie ne soient pas éthiques. Il peut être très difficile d'y résister, de les changer, ou même de les détecter. Tenter de les changer peut apparaître comme de la folie. Mais une fois que le changement est introduit et que le temps passe, ce sont les vieilles pratiques qui sembleront complètement folles: comme le racisme dans le sud des États-Unis, la discrimination entre employés francophones et anglophones au Québec ou le traitement des catholiques dans plusieurs firmes de Toronto. Nous ne mentionnerons pas ici toutes les pratiques non éthiques appliquées dans les modes d'expédition, les arrangements pour les rabais, les incitatifs personnels pour les acheteurs, etc. L'important est de **prendre conscience de la manière que l'industrie peut corrompre les comportements organisationnels**.

Deuxièmement, le degré de compétition dans l'industrie donne parfois naissance à des comportements indésirables, et ce de deux

---

8. Raymond BAUMHART. *An Honest Profit. What businessmen Say about Ethics in business*, New York, Holt, Rinehart et Winston, 1968, p. 47; *A Company's Ethical Climate, op. cit.*, p. 2.

9. Saul W. GELLERMAN. «Managing Ethics from the Top Down», *Sloan Management Review*, hiver 1989, p. 74-75; *A Company's Ethical Climate*, p. 2, 3; Barbara Ley Toffler, dans *Tough Choices: Managers Talk Ethics*, p. 334-335, fait une brève mais incisive analyse des systèmes de récompense dans l'entreprise.

façons[10]. Trop de compétition incite les employés à tricher pour couper les prix et obtenir de meilleures ventes. Par ailleurs, un niveau de compétition trop faible peut les entraîner à négliger les clients et les fournisseurs, ou encore à exagérer les comptes de dépenses. La firme évolue par choix dans une industrie donnée et peut même, par des innovations et des efforts stratégiques considérables, modifier le degré de compétition. Pour énoncer clairement les choses, disons que l'éthique en affaires ne devrait pas nous amener à nier notre positionnement stratégique et à nous exclure d'une industrie, à cause d'un niveau de compétition difficile. Le travail à faire est simplement de reconnaître le degré et la nature de la compétition dans une certaine industrie. Parce que chacun croit son industrie compétitive, il est bon de la comparer avec d'autres secteurs de l'économie.

Les pressions en faveur de la conformité venant des pairs mènent aussi les faibles et ceux et celles qui le sont un peu moins à des comportements non éthiques. Ces derniers peuvent prendre la forme de criantes invitations («C'est de cette façon que se font les choses dans cette compagnie!») ou se présenter sous l'aspect de la compétition au sein même de la compagnie, comme un gérant des ventes réalisant plusieurs ventes douteuses à la fin d'un semestre. Ici, l'important est d'**être sensible à cette source d'inertie lors de la promotion de comportements plus éthiques au sein de la firme**, d'intégrer ceux-ci et de les maintenir.

b) Les irritants à l'éthique

Dans le design organisationnel, trois types d'erreurs peuvent entraîner des comportements indésirables chez chacun des employés ou à l'intérieur de l'ensemble de la corporation : la faiblesse dans la description des tâches, l'incohérence de certaines politiques et l'inefficacité des processus et systèmes organisationnels. La plupart des problèmes sembleront évidents lors de

---

10. Raymond Baumhart a été le premier à souligner le danger d'une compétition excessive ou insuffisante (*op. cit.*, note 8).

leur révision, et des comités exécutifs expérimentés devraient les reconnaître intuitivement. Mais ces défauts peuvent surgir dans n'importe quelle firme. Barbara Ley Toffler a beaucoup fait pour souligner l'importance de ces erreurs.

Une description fautive des tâches se présente sous deux formes: un design intrinsèquement vicié[11] et un système de récompenses exagéré[12]. Le premier rejoint l'association entre responsabilité et pouvoir. À l'époque des années 1970, il était à la mode (dans certaines écoles de gestion!) d'étaler de volontaires inégalités entre responsabilité et autorité, dans le but de renforcer les modèles de collaboration et d'encourager de meilleurs niveaux de performance. Une nuance s'impose ici: l'interdépendance doit être calculée et ne doit pas simplement résulter d'un design organisationnel bâclé.

Lorsqu'une employée ou un employé n'a pas les ressources nécessaires pour atteindre ses objectifs, il est confronté à quatre tentations. La première est de fausser les résultats en empruntant des ventes du prochain trimestre ou en sous-évaluant l'inventaire afin d'atteindre les bons ratios financiers. La deuxième est d'obtenir les résultats en trichant. La troisième tentation est de considérer le devoir de façon irrationnelle (puisque cela est impossible rationnellement) et même de commencer à se fier aux horoscopes et au tarot. Enfin, la quatrième tentation est de se venger de l'organisation qui a mis l'employé dans cette confusion. Le film *Glengary Glen Ross* illustre certains de ces comportements dans le cas de représentants poussés à la vente sous pression, mais qui n'ont pas accès à une bonne clientèle.

---

11. B.L. TOFFLER. *op cit.*, p. 332.

12. Saul W. GELLERMAN. *op cit.*, p. 74-75, et aussi *A Company's Ethical climate*, p. 2 et 3.

Une mauvaise définition de tâches peut avoir plusieurs causes; cependant, les plaintes des victimes sont probablement très bien fondées: le travail a été fait par quelqu'un qui n'était simplement pas familier avec la réalité de l'emploi. Ce n'est pas si surprenant, car le domaine des affaires est complexe et toujours changeant et le processus administratif, sujet à des améliorations techniques. Alors, le vrai secret n'est pas tant de parfaire le processus de design que d'être prévenu de ce danger (en tant qu'organisation et non seulement comme individu exécutant), afin d'effectuer continuellement des corrections.

Il n'en est pas de même en ce qui a trait au système de récompenses. Les récompenses et les châtiments ne devraient pas être insolites. Des récompenses attribuées trop généreusement attirent non seulement les employés avaricieux, mais réduisent également la norme d'un comportement décent chez les employés respectables. Une prime doublant le salaire annuel en échange de quelques semaines de travail (nous ne faisons pas ici référence à un *système* de primes pouvant compter pour une grande partie du salaire annuel) attirera les pressions de la famille, des amis et des collègues de travail «juste pour cette fois». Ce problème est illustré de façon classique par les commissions qu'IBM offrait à ses vendeurs au moment où elle a évolué vers les ordinateurs électroniques et qu'elle a alors réduites afin de conserver les vendeurs à la fois honnêtes et prospères.

De façon similaire, les punitions exagérées («Produis si tu veux conserver ton emploi!», «Fais augmenter le ROI, ou tu seras transféré en Lybie» — avec les excuses des auteurs à la Lybie, puisqu'aucun d'eux n'y est jamais allé! —) peuvent inciter à fausser les rapports, à ne chercher que les résultats à court terme et à négliger les clients et clientes (ou les fournisseurs ou les soustraitants) ou à détériorer les installations (négligées dans le but d'améliorer le ROI). Contrairement aux récompenses exagérées, qui sont souvent systématiques, les punitions tendent à être des initiatives personnelles dues à des moments de colère de la part de supérieurs désespérés ou encore à des procédures informelles s'accumulant dans la plupart des firmes. C'est donc en partie une question de qualité de gestion. Bien sûr, le gestionnaire répondra que l'employé doit être capable de supporter l'épreuve. Mais ce même gestionnaire devrait honnêtement se demander s'il comprend vraiment les difficultés auxquelles fait face son subordonné. Rien ne sert d'aller plus en profondeur, car les firmes diffèrent trop pour qu'une telle analyse puisse être significative. Il vaut cependant la peine de mentionner comment les ambitions personnelles d'un gestionnaire peuvent conduire à ce genre de problème. Puisque la carrière de ce gestionnaire dépend des performances de ses subordonnés, un individu trop ambitieux aura tendance à oublier la personnalité de ses subordonnés et à se concentrer uniquement sur les résultats, favorisant ainsi ce piège récompense-punition. Il est également intéressant de noter que ce genre de situation accroît rarement la performance de la firme.

Les politiques défectueuses sont une autre source de problèmes. Premièrement, «Une politique positive ou même simplement bénigne peut, de concert avec d'autres similaires, engendrer des comportements non éthiques dans la pratique». Deuxièmement, «[...] Les politiques... sont des déclarations de ce que l'organisation croit être la *bonne chose à faire*». Néanmoins «[...] les problèmes (des gestionnaires) arrivent sous forme de dilemmes dans lesquels, sans égard à la politique, la *bonne chose à faire* n'est pas évidente.» Enfin, «Les politiques formelles peuvent être en conflit avec les normes culturelles de l'organisation[13].» Ces trois difficultés émanant de la politique, énoncées par Toffler, soulignent qu'il n'y a pas de bureaucratie parfaite concernant l'éthique, pas plus qu'il n'y en a pour n'importe quoi.

Des politiques, de concert avec d'autres, peuvent engendrer des comportements non éthiques. Par exemple, une politique peut offrir des promotions rapides pour un nombre déterminé d'employés vedettes. Une autre peut chercher à éviter le favoritisme ou la discrimination en basant la plupart ou toutes les évaluations des

---

13. B.L. TOFFLER. *op cit.*, p. 333.

cadres intermédiaires sur les performances financières. La combinaison de ces deux politiques crée un paradis pour les gestionnaires qui recherchent les résultats financiers à court terme plutôt qu'à long terme, dans le seul but de mousser leur promotion dans les plus brefs délais[14].

Que pouvons-nous faire? Toffler suggère que nous évaluions des groupes de politiques, et non pas une seule politique. Il est probable que la plupart des directeurs font exactement cela, mais pas de façon méthodique. La vérité, c'est que l'avènement de telles insuffisances dans le design organisationnel est presqu'inévitable; ce qui importe, c'est que nous soyons capables de les détecter et de prendre des mesures correctives appropriées. L'information au sujet des faiblesses d'une politique est souvent soulevée par les subordonnés, pour être ensuite mise de coté par les patrons afin de faire face à ce qui est «immédiatement important». Une partie de la difficulté à détecter ces fuites consiste en ce que les patrons voient les tâches comme les leurs, mais pas l'organisation.

La deuxième difficulté soulevée par Toffler est que la politique exhorte l'employé à faire la bonne chose, mais que cette «bonne chose» n'est pas claire en pratique. Évidemment, il n'est pas surprenant que les affaires soient comme la vraie vie. Ce qui est requis ici, ce sont de meilleurs efforts pour faire face à de tels doutes et dilemmes, joints à l'humilité d'acquérir de l'expérience et à l'assurance que l'organisation apprend autant que l'individu. Dans cette perspective, l'organisation doit être prête à recevoir des coups plutôt qu'à sacrifier l'employé, c'est-à-dire la personne qui doit individuellement risquer des gestes concrets. Cette méthode ne peut pas s'appliquer si les enjeux sont élevés ou si les effets sur les relations publiques peuvent être majeurs. L'employé doit avoir la possibilité de consulter les personnes compétentes — au sein

---

14. Robert Jackall a décrit ce problème en détail. Robert, JACKALL, *Moral Mazes. The World of Corporate Managers*, Oxford, Les Presses de l'Université d'Oxford, 1988, p. 94-96 entre autres.

comme à l'extérieur de l'organisation, selon le cas — avant d'engager la firme dans une ligne d'action.

Toffler formule la troisième difficulté comme un conflit entre la politique formelle et les normes culturelles de l'organisation. Nous ne voyons pas cela comme un problème éthique et préférons formuler cette difficulté comme un conflit entre la politique et ce que le bon sens désigne comme étant juste dans certains cas spécifiques. La réponse facile est de suivre le bon sens, mais en pratique, à quel point est-ce du bon sens ? Les organisations ne sont pas Dieu, donc elles ne sont pas toujours justes ; toutefois, le fait de priver l'organisation du petit fil qui unit ses éléments est très risqué. Maintenir l'intégrité des procédures et l'autonomie des instances peut être plus important que de protéger les enjeux d'un cas isolé.

Les processus et systèmes peuvent aussi conduire à des comportements non éthiques, à cause d'anomalies dans leurs opérations. Ces anomalies se produisent généralement dans le cas des systèmes d'évaluation ou de n'importe quelle procédure tentant de rendre justice sur une base routinière. Les anomalies sont aussi fréquentes dans les contrôles de performance, par exemple lorsque la performance d'un supérieur dépend des résultats de «subordonnés» qu'il ne contrôle pas directement.

2. L'ÉVALUATION ÉTHIQUE DES COMPORTEMENTS AU SEIN DE LA FIRME

Nous avons présenté l'argument selon lequel le code de déontologie est insuffisant et qu'aussitôt que cette insuffisance sera connue, ces codes, s'ils sont isolés de tout autre moyen administratif, perdront leur seule valeur actuelle. Nous avons aussi démontré les causes administratives des lacunes des codes de conduite : les forces organisationnelles et industrielles qui résistent aux conduites éthiques ou qui peuvent même être des irritants importants pour quelqu'un qui agit de façon éthique. C'est pourquoi nous recommandons que tout effort visant à inculquer l'éthique dans la corporation commence par un diagnostic: une analyse de la firme, de son industrie et de son organisation.

Les organisations sont comme les individus: aucun n'est parfaitement bon et aucun n'est complètement mauvais, mais tous peuvent s'améliorer. Habituellement, les meilleures organisations sont plus averties de leurs imperfections. Souvent, une bonne éthique s'accompagne de compétences techniques. Il est fréquent que les sociologues et les journalistes confondent bonne éthique et bonasserie (tout comme l'orthodoxie politique *polically correct* des années quatre-vingt et la gestion par les parties prenantes *constituency management* des années quatre-vingt-dix). Toutefois, il devrait être clair depuis la première partie de ce livre que la richesse est une valeur humaine et que, par conséquent, la création et la poursuite de la richesse sont des activités d'affaires parfaitement éthiques en elles-mêmes. L'éthique en affaires disparaît seulement lorsque les autres valeurs sont violées, comme la santé et la vie de famille. Dans un sens, la poursuite de la richesse cesse alors d'être une activité d'affaires pour devenir une obsession privée ou encore un système tyrannique semblable à celui que prétendaient justifier les «progrès nécessaires de l'Histoire» claironnés par les États marxistes du XXe siècle. De la même façon, un individu obsédé par le pouvoir ou la richesse devient asservi par cette idée fixe et habituellement incapable de trouver une seule satisfaction, ni dans cette valeur qu'il fait ressortir ni dans d'autres valeurs de sa vie qu'il a écartées: famille, santé, culture...

Cette analogie avec l'individu nous amène à considérer l'éthique corporative comme une histoire de bon sens; toutefois, il est essentiel de faire appel à des personnes extérieures à la firme qui évalueront celle-ci avec plus de précision. Une pratique établie dans une industrie sera invisible aux vétérans, tout comme les conventions en place au sein de la firme. D'ailleurs, dans le cadre de cette analyse, il convient de distinguer la critique («C'est mal!») de l'évaluation («Comment pouvons-nous changer cela sans perdre notre chemise?»), pour éviter toute confusion.

Il est également nécessaire de faire des diagnostics régulière-
ment, mais sans nuire aux activités quotidiennes de gestion. Pour
employer l'analogie des moralistes, l'examen de conscience doit être
régulier mais bref, plutôt que sporadique et prolongé. Même s'il
est difficile de concevoir une organisation qui deviendrait scrupu-
leuse de la même façon qu'un individu, l'imposition de règles par
le gouvernement ou la présence d'un comité «politiquement
orthodoxe», comme on en trouvait légions dans les années quatre-
vingt, peut contribuer à conférer une importance excessive à de
petites inconvenances, comme le fait de ne pas utiliser du papier
recyclé, et à ne pas tenir compte des transgressions systématiques
sur des points majeurs (la discrimination à l'égard des mères de
famille).

Un schéma de valeurs qui chapeaute l'organisation doit être
utilisé pour diagnostiquer la firme. Tout comme l'individu qui
s'évalue selon ses propres «valeurs» dupe seulement lui-même,
l'organisation qui jette uniquement un coup d'œil superficiel et
rapide selon des critères maison laisse probablement des problèmes fermenter. Une illustration d'évaluation régulière est présentée au tableau 2, p. 194.

La firme fonctionne comme une partie de la société et peut
contribuer fortement à l'amélioration de celle-ci et de sa culture.
Mais elle ne peut pas, à elle seule, redresser tous les malheurs de la
société. Alors qu'elle est concernée par toutes les valeurs, elle fait
bien de mettre en relief celles qui se rapportent davantage à sa
mission corporative. Par exemple, la vie conjugale figure dans les
catégories de valeurs du tableau 2. Tout le monde connaît l'impact
de l'institution de la famille sur la société et la capacité économique d'une nation en général, de même que l'influence de la vie de
famille sur le bien-être et la productivité de chaque employé. Mais
tout le monde devrait aussi savoir que l'institution de la famille vit
de graves problèmes dans notre société (ou, pour utiliser l'euphé-
misme «politiquement orthodoxe», plusieurs individus font actuellement l'expérience de formules «parallèles»).

Dès lors, il serait irréaliste de s'attendre à ce que tous les employés vivent heureux à jamais. Néanmoins, des efforts pour soutenir la vie familiale seront probablement requis ; un appui majeur peut même être sollicité dans un contexte particulier, certains besoins de la communauté où la corporation recrute ses employés, par exemple. Cette situation peut éventuellement se présenter dans des communautés riches, où les parents ont tendance à s'engager davantage dans leur profession et leurs loisirs que dans leur famille, ou dans le cas de ghettos où les familles monoparentales abondent.

Le tableau 2 offre une liste de préoccupations éthiques concernant la firme. Toutefois, il ne faut pas se borner à un diagnostic qui ne s'appuie que sur des catégories préconçues. Il est facile d'écrire une série de questions sur du papier (même si le lecteur ou la lectrice remarque notre utilisation très libérale de l'expression «etc.»). Qui peut dire si la liste est complète ? Et si elle semble l'être, elle est alors probablement trop longue et s'immisce trop dans les opérations réelles de la firme pour être praticable.

La mission corporative (dans le sens restrictif de compétence de produit/marché) fournit une perspective à partir de laquelle nous pouvons formuler une analyse basée sur un vaste schéma, comme cette mise en situation dans le tableau 2. Bien que toutes les valeurs humaines soient essentielles au succès de n'importe quelle opération (une firme ne peut fonctionner si les membres de son organisation trichent systématiquement, évitent de faire des efforts, mentent, etc.), certaines d'entre elles sont cruciales pour effectuer de bonnes opérations, tout dépendant des activités de la firme. La véracité est évidemment un facteur clé pour une firme qui fournit de l'information à ses clients, comme la division de l'information du crédit commercial chez Dun & Bradstreet, ou ses services de marketing. L'employé parcimonieux est hautement valorisé dans une firme intégrée à une industrie de minimisation des coûts de production, comme le démontrent les opérations ayant trait au papier journal de Consolidated Bathurst. Un personnel laborieux est toujours un atout pour une entreprise ; il est essentiel dans une firme comme CAE, qui fait inexorablement face aux cycles rapides de recherche et développement. La relation entre la mission de la firme et la déclaration des valeurs est illustrée à la figure 1, p. 199.

Une autre approche concernant les valeurs est celle des parties prenantes, exposée par Max Clarkson. La firme (ou le consultant) fait un sondage chez ses employés et les diverses parties prenantes externes au sujet des matières plus importantes à examiner, puis interroge ces mêmes répondants sur la performance de la firme par rapport à chaque matière. Cette approche très minutieuse peut fournir une foule d'informations fort utiles, permettant ainsi d'améliorer les relations avec plusieurs parties prenantes clés. Mais il faut éviter de miner l'autorité des directeurs de la firme. Cette approche comporte une autre faiblesse : elle se transforme en table de négociations pour les joueurs les plus puissants. Il n'en reste pas moins qu'avec ces deux réserves en tête, plusieurs firmes auraient avantage à explorer la méthode Clarkson.

L'approche suggérée par Clarkson et celle esquissée dans le tableau 2 génèrent une série de questions éthiques auxquelles la firme doit se référer. Le diagnostic doit chercher à la fois les comportements problématiques et les sources éventuelles de tels comportements. En ce qui concerne ce dernier point, la section précédente intitulée «Sources de comportements non éthiques» fournira une aide précieuse. Le résultat final du diagnostic devrait se traduire par une liste de **domaines d'examen** et une liste de **sources** de problèmes. Cette dernière comprend les points de résistance et les irritants que nous avons mentionnés plus haut. Des mesures correctives devraient évidemment être prises en tenant compte des sources de problèmes. Par exemple, éliminer les défauts dans les procédures ou contrôler leurs anomalies; effectuer des pressions pour réorienter les individus ou les groupes problèmes. Ces opérations exigent du tact et représentent un cauchemar en ce qui concerne les relations publiques. Il est relativement facile de réprimander un cadre coupable de mensonge ou de vol, mais comment une firme doit-elle traiter avec les employés appartenant à un groupe ethnique minoritaire caractérisé par une incidence élevée de trafic de drogues?

INSTAURER LA CORPORATION ÉTHIQUE

Jusqu'à présent, vous avez examiné les particularités de votre industrie, de votre organisation et de votre mission corporative. Ce diagnostic vous a permis d'établir une liste de questions pertinentes et une liste de sources de comportements répréhensibles sur le plan éthique. Étudions maintenant les mesures positives que vous pouvez prendre pour établir une organisation éthique. Ces mesures sont divisées en trois catégories. La première est la sélection du **personnel**. Ici, la qualité importante à rechercher et à cultiver est la responsabilité: des gens capables de placer leur sens des responsabilités et leur initiative personnelle au-dessus des simples avantages financiers. Une bonne éthique, comme de bonnes affaires, requiert des gens qui font preuve d'initiative et non des gens qui se cachent dans le système. La seconde mesure est l'installation d'un **programme d'éthique**. La troisième vient en parrallèle: l'alimentation d'une **culture organisationnelle** où les questions d'éthique sont soulevées, discutées, et mises de l'avant (voir tableau 3, p. 195).

1. LE PERSONNEL

L'éthique commence à l'échelon supérieur de l'entreprise. Au début du processus administratif. Les individus qui étaient puissants aux moments clés de l'histoire d'une firme ont aujourd'hui un grand impact sur le comportement des employés des échelons inférieurs. Ceux et celles qui détiennent maintenant les rênes du pouvoir ont aussi une grande influence, par la façon dont ils structurent le travail de leurs subordonnés et l'exemple qu'ils transmettent par leurs attitudes et leurs actions. On peut limiter cet effet en réduisant la visibilité de la haute direction, mais cette réaction aurait comme conséquence de donner une valeur d'exemple aux cadres intermédiaires. Les hauts dirigeants n'ont pas beaucoup d'autre choix que de fournir des modèles de conduite pour les autres employés.

Raymond Baumhart a effectué un vaste sondage sur l'éthique en affaires en 1961. Lorsqu'il a demandé à ses répondants d'établir ce qui incitait un homme d'affaires à prendre des décisions éthiquement positives, ceux-ci ont placé le comportement des supérieurs en troisième position parmi cinq possibilités[15]. La première place a été accordée au code de comportement personnel de l'individu. Cependant, lorsqu'il leur a demandé ce qui amenait un homme d'affaires à prendre des décisions mauvaises du point de vue éthique, c'est le comportement des supérieurs qui est passé en première place.

Cette position dénote une attitude de justification personnelle et une tendance à jeter le blâme sur l'autorité. Mais elle est également empreinte d'une certaine sagesse. Le premier pas vers les comportements honnêtes est d'engager des gens honnêtes, parce que les actions découlent du caractère.

Les consultants et les chercheurs soulignent fréquemment l'importance de l'engagement personnel face aux valeurs et de la cohérence entre la vie personnelle et la vie professionnelle de quelqu'un. Ils soulignent également la nécessité de se référer à la conduite éthique dans la publicité de recrutement et la description des tâches du candidat idéal, de sélectionner du personnel honnête, etc[16]. Comme le dit Barbara Toffler, «la politique, l'organisation et les systèmes conçus de façon à créer une firme sensible et alerte sont critiques au management éthique. Mais sans une force de travail qui peut en favoriser la réalisation, le meilleur environnement est neutralisé».

---

15. R. BAUMHARD. *op. cit.*, note 8.

16. B.L. TOFFLER. *op cit.*, p. 247; DOLECHECK et Dolecheck, *op cit.* p. 14; WATSON, Charles E., *Managing with integrity: insights from America's CEOs*, New York, Praeger, 1991; BIRD, Frederick et Jeffrey GANDZ. *Good Management. Business Ethics in action*, p. 154. Note technique de Harvard sur *How to Create an Ethical Climate*.

Une fois le personnel en place, l'exemple de la haute direction peut libérer cette force ou encore l'extirper[17]. «Les gestionnaires ont la responsabilité, depuis les plus hautes sphères, de donner un exemple de conduite personnelle et de créer un environnement qui non seulement encourage et récompense les comportements éthiques, mais qui rend aussi totalement inacceptables ceux qui ne le sont pas.» Ces mots sont de Jack Sparks, PDG de Whirlpool[18].

De petites actions ou quelques mots peuvent transporter des montagnes. Michael Wright, PDG d'une chaîne de magasins aux États-Unis, l'exprime comme suit: «Croyez-moi: si vous trichez en complétant votre compte de dépenses, tous les autres dans l'organisation le sauront et commenceront à vous imiter...[19]»

Le PDG et la sphère la plus haute de la direction sont toujours dans les réflecteurs, et leurs gestes les plus insignifiants peuvent devenir des standards pour la corporation entière ou pour la fraction d'elle qu'ils visitent. Ce précepte n'est pas seulement une lourde responsabilité; il constitue aussi un levier important de changement organisationnel. Les gens ne se font pas transformer par des phrases abstraites écrites dans des brochures, mais plutôt par des anecdotes concrètes se produisant dans leurs propres couloirs et pendant leur propre carrière au sein de la firme. La conclusion n'est pas qu'il faut être scrupuleux, mais que la haute direction doit être la première à intérioriser des critères de comportement éthique et qu'elle doit donner l'exemple, tout simplement.

---

17. Peter MADSEN. «Managing Ethics», *Executive Excellence*, décembre 1990, p. 11; DOLECHECK et Dolecheck, *op cit.*, p. 14-15; HANSEN, Kirk., Institutionalizing Ethics in the Corporation, dans W. Micheal Hoffman *et al, Corporate Governance and Institutionalizing Ethics*, Lexington Mass., Lexington Books, 1984, p. 190.

18. Tel que souligné par Charles E. Watson dans «Doing What's Right and Doing Well in business», *Business Forum*, Printemps 1991, pp. 28-30.

19. Tel que souligné par Charles E. Watson, *Managing with Integrity: Insights from America's CEOs, op. cit.*

Ce comportement exemplaire livre trois messages importants à différents niveaux. Le premier, c'est que la haute direction est sérieuse: la discussion sur l'éthique n'est pas seulement une opération de relations publiques ou un effort pour inciter les employés des échelons inférieurs à se sentir fiers de leur firme. Le deuxième message, c'est que la conduite éthique est faisable: elle n'est pas uniquement un rêve utopique. Finalement, la conduite des cadres supérieurs devrait transmettre un message d'**optimisme**.

Il en découle que les premiers employés qui doivent être sélectionnés minutieusement en ce qui concerne l'intégrité sont les cadres supérieurs. Cette exigence s'impose davantage concernant les niveaux supérieurs que les niveaux inférieurs. Le cadre d'un niveau plus bas doit démontrer une volonté de s'améliorer. Le cadre *senior* doit avoir tout un passé d'intégrité. Cet énoncé suggère deux réserves; premièrement, le comité de sélection ne doit pas confondre intégrité et puritanisme; deuxièmement, la compétence est inhérente à un bon cadre administratif.

Ces dispositions ne signifient pas que toutes les têtes doivent tomber le jour où le PDG décide de donner une image éthique à sa compagnie, mais que les inconvenances majeures doivent être traitées avec rigueur. En 1991, le vice-président de l'exploitation (États-Unis) d'une grande et célèbre entreprise pharmaceutique découvre que son supérieur immédiat profite indûment de la construction d'une nouvelle usine de fabrication pour effectuer des rénovations considérables dans sa résidence privée. Il exige alors de son patron des explications quant aux dépenses encourues et reçoit quelques heures plus tard une note de service, d'ailleurs déjà envoyée aux autres employés, annonçant sa propre «démission pour raisons personnelles». Déçu de la firme et en dépit de pertes financières substantielles, il décide de ne pas combattre l'injustice.

Dans le cas de la firme, cependant, les pertes sont de trois ordres: elle ne peut plus compter sur les compétences de son vice-président, qui n'étaient pas négligeables d'ailleurs, puisqu'il était sur le point de redresser les opérations américaines comme il l'avait fait précédemment pour les opérations canadiennes. D'autre part, elle ne dispose plus des fonds qui ont servi à payer les rénovations personnelles du président et, finalement, elle n'a plus l'autorité morale pour exiger des autres employés qu'ils utilisent honnêtement l'argent de la compagnie.

L'intégrité personnelle n'est pas un substitut à la compétence : elle en fait partie, du moins pour un gestionnaire. La cohérence entre les valeurs que la personne épouse en dehors de sa vie professionnelle et les critères de ses actions en tant que gestionnaire : voilà un vrai stimulant pour l'énergie et la vigueur au travail !

2. LES PROGRAMMES

Cinq éléments composent un programme d'éthique efficace : la politique corporative, les communications, l'entraînement, le code de conduite et le contrôle (voir tableau 4, p. 196).

La volonté éthique doit faire partie de la *politique corporative*. En théorie, cette volonté n'a pas besoin d'être explicite, car si toutes les firmes agissaient de façon éthique, il serait inutile de se casser la tête à intégrer l'éthique dans une politique particulière. En pratique, cependant, la politique doit faire des références explicites à la bonne conduite dans le but de renforcer l'autorité des autres mesures. Cette référence devrait invoquer la bonne conduite en général et mentionner des zones spécifiques pouvant devenir des cas problématiques, étant donné les activités et caractéristiques de la compagnie (voir tableau 2).

La politique corporative doit être éthique. En d'autres mots, il est absurde de promouvoir des normes de conduite élevées si la politique conduit la firme à l'utilisation de jeunes enfants à des fins de pornographie. Nous ne connaissons aucune firme qui fait cela, mais quelques-unes n'en sont pas éloignées. Dans certains cas, la gestion des valeurs devient un exercice coercitif. La mauvaise conduite semble être une raison majeure pour l'invocation de l'éthique. Toutefois, une telle invocation ne peut faire partie d'un programme d'éthique efficace.

La volonté éthique de la politique, générale et spécifique, doit être communiquée à travers la firme en utilisant tous les médias, depuis les notes de service jusqu'aux vidéos, aux réunions et aux publications internes.

L'impact et le choix des divers modes de communication varient d'une entreprise et d'une personne à l'autre. Si un cadre fait rarement le suivi d'une note de service en donnant un coup de fil, le fait de le faire cette fois est alors une façon puissante de souligner une communication concernant l'éthique au sein de la firme.

L'entraînement est une excellente manière de consolider l'éthique dans la firme. En effet, il permet à l'employé d'apprendre les choses comme il faut dès la première fois, et il a un effet important sur la compréhension de son nouvel emploi. L'employé peut constater que la firme prend l'éthique vraiment au sérieux. C'est là également qu'il peut intégrer la signification de son travail aux valeurs de toute sa vie quotidienne. D'ailleurs, l'entraînement est un outil clé pour changer la façon de faire des affaires pour l'entreprise. Si, par exemple, les procédures d'achat n'ont pas été à la hauteur, les agents qui en sont chargés ne devraient pas être blâmés, mais entraînés pour appliquer de nouvelles procédures, avec le maximum d'explications. Dans un tel cas, c'est le mal qui doit être changé, et non les gens qui doivent être punis. Il peut arriver que les employés ne soient pas conscients des dimensions éthiques de leur travail, non pas à cause de l'excentricité de leurs valeurs, mais parce qu'ils ne comprennent pas pleinement la signification de leur travail et les attentes de leur employeur. Nous avons affirmé plus tôt que l'ignorance est une source de comportement non éthique. Or, l'entraînement est un remède évident contre l'ignorance.

Une firme peut apprendre sur l'éthique, tout comme elle peut apprendre sur n'importe quel autre aspect de ses activités ou de son mode de fonctionnement. Des sessions d'entraînement fréquentes peuvent constituer une méthode pratique pour changer rapidement la conduite des affaires dans une firme donnée.

Nous avons mentionné plus tôt que le *code de déontologie* peut éduquer, encourager et réglementer. S'il fait partie d'un effort global de la firme, il doit être d'abord éducatif. Les autres systèmes et procédures doivent entrer en jeu pour réglementer les comportements, et les autres canaux de communication doivent intervenir pour encourager les bons comportements. L'éducation et la déclaration claire de ce qui constitue une bonne et une mauvaise conduite sont les particularités du code de déontologie. Le code fait partie de la «théorie d'action» de l'employé: il ne représente pas une série d'obstacles à son succès.

Voilà pourquoi nous différons de la majorité des consultants et chercheurs qui recommandent que «des déclarations claires de discipline en cas de violation devraient aussi être inscrites dans le code[20]». Une telle affirmation met un prix au comportement éthique, ce qui est le commencement du dialogue avec la tentation.

En plus de compliquer considérablement le code, de telles déclarations laissent croire que celui-ci limite le champ d'action de l'employé. Finalement, dans la mesure où ces déclarations sont spécifiques, elles peuvent conduire à des injustices, car un code préconçu ne peut pas toujours prévoir toutes les nuances dont tient compte l'employé avisé.

Le code doit cependant avoir des dents, et une référence générale doit être faite aux procédures de surveillance et aux sanctions discutées ci-dessous.

Jusqu'à quel point un code de conduite doit-il être détaillé? Juste assez. Il n'y a aucune raison, par exemple, d'ennuyer les vendeurs avec des directives destinées au personnel des ressources humaines. Comme les directives ne sont pas universelles, mieux vaut les limiter aux divers services concernés. Il n'est pas nécessaire (ni possible) de réglementer tous les cas.

---

20. P. MADSEN. *op. cit.*, note 18.

Le code doit offrir des normes générales et non des instructions. Comme l'a souligné Saul Gellerman, les codes sont efficaces non pas tant parce qu'ils sont détaillés et précis, mais parce qu'ils sont promulgués avec crédibilité[21]. Cependant, les normes doivent porter sur *quelque chose* et ne pas s'en tenir au «faire le bien et éviter le mal». Tout le monde sait que l'éthique repose sur ce principe. Le code de conduite doit donc se réduire aux préoccupations pratiques convenant à tous les membres de l'organisation. La différence entre les vagues généralités et les préoccupations pratiques convenant à tous est illustrée par la liste suivante contenant cinq normes simples et générales qu'une compagnie américaine bien connue propose à ses employés :

Nous attendons des employés qu'ils maintiennent les plus hautes normes de conduite dans les affaires.

Nous attendons des employés qu'ils soient totalement honnêtes et qu'ils aient une conduite éthique dans toutes les négociations d'affaires de la compagnie.

Notre entreprise sera conduite en conformité avec les règles et lois applicables et de façon à atteindre les plus hautes normes exigées d'une corporation.

Chaque communauté dans laquelle nous opérons devrait bénéficier de notre présence.

Nous nous attendons à ce que tous les employés respectent une confidentialité appropriée dans leurs contacts avec l'extérieur de la compagnie et qu'ils soient particulièrement prudents dans leurs rapports avec la presse ou avec nos compétiteurs. Toutes les questions de la presse seront dirigées vers le Service des relations publiques ou sous la responsabilité de ce dernier. Toutes les questions de droit extérieures devraient être référées à notre Service du contentieux ou prises en charge par ce dernier.

---

21. Saul W. GELLERMAN. *op. cit.*, p. 73-79.

Il est facile de deviner quelle est la véritable préoccupation de la compagnie! Les deux premières déclarations sont vagues et générales. Leur valeur est d'inciter et d'exciter, mais elles ne contiennent aucune norme spécifique. La troisième déclaration présente une légère amélioration, mais reste vague et générale : Suis la loi... si elle s'applique. Mais toutes les firmes sont censées obéir à la loi! Combien d'entreprises québécoises se caractérisent par de telles déclarations! Les quatrième et cinquième déclarations donnent des orientations substantielles à la conduite des employés. La cinquième ne fait pas seulement prévaloir son point de vue, mais donne des directives spécifiques, ce qui amène certains nouveaux employés à se demander si les quatre règles précédentes ne servent pas tout simplement de toile de fond pour cette préoccupation réelle à l'égard de la confidentialité.

Ce qui est vraiment positif, dans le cas de ces cinq normes, c'est l'effort qui est fait de formuler quelques principes généraux que tous les employés sont en mesure de retenir et d'appliquer en toutes circonstances. Ces principes généraux peuvent ensuite être élaborés de façon plus approfondie pour convenir à des situations précises qui reviennent souvent dans la vie de la firme.

Ces élaborations détaillées se rapprochent davantage des actions concrètes que les principes généraux. Un code doit comporter des autorisations et des interdictions suffisamment concrètes pour qu'il soit facile d'en contrôler le respect ou le non-respect[22]. Des déclarations spécifiques peuvent amener diverses interprétations. Un préambule au code ou un paragraphe final doit indiquer l'existence d'une autorité pour clarifier toute ambiguïté. Sommairement donc, le code est composé :

1 d'un préambule établissant quelques principes partagés avec toutes les firmes, comme l'obéissance à la loi. Il doit aussi mentionner l'existence d'une structure d'autorité à l'intérieur de

---

22. M. et C. DOLECHECK. *op. cit.*, note 7, p. 12-18.

l'organisation, chargée d'interpréter et de sanctionner. Le préambule peut également spécifier que des lignes de conduite plus détaillées existent pour des services particuliers, pour des régions, pour des projets, etc.;

2 d'une liste de normes dont le contenu a une portée réelle sur la firme;

3 d'un épilogue fournissant de l'information sur la structure d'autorité qui régit ces normes autant que sur l'existence d'un plus grand nombre de lignes directrices.

Quel volume le code doit-il avoir? Plus il sera long, plus ses effets seront amoindris.

Finalement, l'organigramme de l'entreprise doit être modifié de façon à ce que la conduite des employés puisse être surveillée et sanctionnée à la lumière du code. En premier lieu doit apparaître l'autorité ou la structure d'autorité chargée de surveiller cette conduite. Dans plusieurs firmes, cette tâche revient au Service des ressources humaines. Une telle façon de faire comporte d'évidentes difficultés: les ressources humaines seront souvent appelées à juger des cas dans lesquels elles seront elles-mêmes impliquées; de plus, elles ne peuvent pas être appelées à réglementer ce qui concerne les hautes sphères de direction. Une autre solution consiste à instituer un poste d'*ombudsman*, responsable autant envers sa profession qu'envers la compagnie. Dans ce cas, le problème réside en ce que le titre d'*ombudsman* a une connotation légale qui l'associe aux procédures de plaintes. Enfin, certaines firmes préfèrent recourir à l'un de leurs anciens cadres supérieurs maintenant à la retraite. Une telle personne jouit d'une connaissance complète de la firme, mais ne dépend de personne en ce qui concerne sa carrière ou son indépendance financière. En tout cas très peu. L'intégrité et la force de caractère de cette personne peuvent être plus importantes que sa position dans l'organigramme de la compagnie.

Comment la conduite éthique peut-elle être sanctionnée et enseignée? De deux façons: comme partie de l'évaluation routinière de la firme ou comme fonction spécialisée au sein des activités de la firme.

L'évaluation des employés est un moyen de vérifier la performance. La conduite quotidienne des membres qui travaillent davantage dans les coulisses de l'organisation doit être appréciée dans sa dimension éthique autant qu'elle l'est en termes de productivité[23] [24]. L'objectif n'est pas de donner aux employés l'impression qu'ils sont constamment surveillés par *Big Brother*, mais de leur faire comprendre que l'entreprise accorde autant d'importance à la conduite éthique qu'aux résultats financiers. Faire autrement équivaudrait à évaluer les employés strictement en fonction de leur rentabilité et signifierait que le seul gage de promotion est l'augmentation des profits.

Peter Madsen suggère l'inclusion, dans les évaluations annuelles, d'une section déterminant la qualité de la performance individuelle des employés dans le domaine de l'éthique: «Ont-ils tenu compte des considérations éthiques lors des décisions prises dans

---

23. «Quelle performance une compagnie mesure-t-elle? Quel comportement son système et ses mesures incitatives formelles récompensent-t-ils? Est-ce que le fait d'accomplir le travail est la seule chose qui importe ou est-ce que la façon de l'accomplir compte également?» *A Company's Ethical Climate*, *op. cit.*, note 7, p. 3. «Si les cadres trouvent qu'ils ne sont pas récompensés pour l'attention à l'éthique, ils peuvent décider que les comportements éthiques ne valent pas l'effort fourni. Plusieurs systèmes d'évaluation intensifient ces problèmes parce qu'ils se concentrent sur le court terme et les résultats quantifiables, alors que les effets positifs de la conduite responsable sont subtils et paient leurs dividendes sur des périodes plus longues.» *Ibid.*, p. 2.

24. «De loin les plus importants efforts ont impliqué la réforme des systèmes d'évaluation des performances et des normes pour l'avancement. [...] Plus important encore, les signaux informels par les promotions dans l'organisation. Qui est considéré comme une vedette? Quelle sorte de comportement est récompensé?». Kirk HANSEN. *op cit.* p. 188.

le cadre de leur travail? Ont-ils soulevé l'éthique comme préoccupation dans la planification des projets et des tâches? Quels modèles pour l'éthique les gestionnaires ont-ils été? Ont-ils contribué à l'information générale quant à l'importance de l'éthique de la part de leurs subordonnés[25]?»

À première vue, de telles questions semblent représenter une façon simple et franche de souligner l'importance attachée à l'éthique. Mais elles restent fixées à une vision très étroite de la réalité. Premièrement, elles ne font qu'alourdir l'évaluation. Deuxièmement, elles réduisent l'éthique à une règle supplémentaire par laquelle l'employé peut compenser d'autres défauts. Troisièmement, ces questions présentent l'éthique comme une complication de la vie au travail. L'éthique devrait être transparente, car dans le travail, tout est éthique. Votre employé contribue-t-il à accroître vos revenus? Eh bien, cela est éthique, parce qu'il fait du **bon** travail, *à moins qu'*il utilise des moyens illégitimes pour améliorer sa performance. L'évaluation doit refléter cette réalité: l'éthique ne doit être visible que dans le cas de ce «*à moins que*». L'analyse décrite à la section sur les diagnostics, page 163, peut nous aider à prévoir ce «*à moins que*» pour chaque évaluation, car nous connaîtrons habituellement les façons dont les employés peuvent tricher. L'important est que les deux parties soient conscientes de la dimension éthique du travail et que l'employé ne triche ni pour s'aider lui-même ni pour «aider» la compagnie.

Il est indispensable de prévoir un mécanisme spécial permettant de détecter, d'évaluer et de sanctionner des événements indésirables et isolés. Ce mode de fonctionnement peut se mettre en mouvement à la suite d'une plainte en provenance de l'extérieur, d'une consultation avec un employé pour régler un dilemme ou d'un cas de *whistle blowing* (dénonciation). La consultation avec un employé est un point délicat: il faut éviter que ce mécanisme n'ait une connotation négative et ne crée un climat totalitaire. Quant à la dénonciation, son effet doit être positif au sein de l'entreprise

---

25. P. MADSEN. *op. cit.*, note 18, p. 12.

et découler de son but, c'est-à-dire aider quelqu'un qui n'a pas réalisé la nécessité d'une consultation. S'il advenait qu'un individu ait volontairement transgressé l'esprit du code ou l'ait fait involontairement alors qu'il aurait dû connaître les conséquences de son geste, une sanction sérieuse doit être appliquée, et cela au vu et au su de tous les membres de la firme concernés par ce geste.

Certains recommandent que de tels cas fassent l'objet d'un maximum de publicité dans le but de mettre l'accent sur la décision de la haute direction, qui est de favoriser une culture éthique dans la firme. Cependant, nous n'approuvons pas cette approche... précisément pour des raisons d'éthique. Comment une firme peut-elle médire d'un individu sous prétexte de soutenir l'éthique? Il est préférable de ne révéler cette information qu'aux personnes déjà informées des *faiblesses* de l'individu. En pratique, la simple existence d'une structure administrative, combinée avec un système de rapports obligatoires pour des incidents spécifiques, peut avoir un effet dramatique et ce, sans qu'on arrive à punir les employés relevant de cette structure[26].

3. LA MOBILISATION DE LA CULTURE ORGANISATIONNELLE

La culture corporative joue deux rôles par rapport à l'éthique de l'organisation. Premièrement, elle transmet et renforce les valeurs considérées comme essentielles au succès organisationnel que s'est fixé la corporation. Deuxièmement, la culture corporative fait la promotion du dialogue et de la responsabilité entre les individus.

La section 3 mentionne à quel point la firme accorde, à cause de sa mission, de l'importance à certaines valeurs indispensables à la performance de la corporation. Les systèmes et procédures devraient assurer les valeurs de la firme, peu importe qu'il s'agisse de la fiabilité, de la disponibilité de l'information, de la réduction

---

26. P. HANSEN, *op cit.*, p. 189. Ce même auteur écrit: «La divulgation est probablement l'instrument d'implantation le plus utilisé pour contrôler l'action éthique» (p. 189).

des coûts, de la normalisation, de la sécurité ou de la transparence. Mais les règlements et procédures ne sont pas suffisants. Chaque membre de l'organisation doit comprendre et épouser ces valeurs, et être convaincu de leur portée sur son propre gagne-pain et sur celui de la firme. Cela constitue partiellement une question de compréhension. Les employés expérimentés qui comprennent vraiment la nature de leur travail seront capables d'expliquer les responsabilités et les modes de fonctionnement à de nouveaux employés, à la lumière des valeurs de la compagnie. C'est aussi, en partie, une question de conviction. Aucune rationalisation ni explication ne pourront transmettre l'enthousiasme et les vibrations entrepreneuriales aux autres membres de la firme si la conviction n'y est pas. Les deux sont indispensables. La conviction sans compréhension rationnelle est fragile, vulnérable à des erreurs d'interprétation cyniques quant aux vrais motifs cachés derrière les procédures et les objectifs, alors que les raisons analytiques dissociées de la conviction et de l'engagement sont inefficaces.

La culture organisationnelle peut fournir à la fois la raison et la conviction. La plus haute direction de la firme peut influencer la culture corporative (et non la créer, car cette culture était là avant elle et dépend d'une pléthore de facteurs) par certains canaux, comme les publications internes, les activités sociales, les discours stratégiques, les louanges et promotions exemplaires, les sigles, les devises et les mascottes. En utilisant de tels instruments pour renforcer le rôle des valeurs cruciales, la haute direction de l'entreprise peut galvaniser l'organisation et l'orienter vers une poursuite efficace de l'excellence, ce qui est beaucoup plus qu'une pieuse reconnaissance de la nécessité d'atteindre la perfection.

Toutefois, si la culture permet seulement une concentration sur quelques valeurs clés, elle fait très peu pour consolider l'éthique de la firme. Elle placera plutôt la firme comme l'instrument du bon vouloir de la haute direction (ou du consultant, si c'est lui qui a choisi les valeurs clés!) et aliénera peut-être les éléments les plus valables de la force de travail de la corporation. Le dialogue — qui doit être honnête face aux faiblesses d'autrui et non béatement compréhensif — fournit une arme défensive et offensive pour le progrès de la firme, en ce qui concerne aussi bien les procédures que les concepts. Il constitue une garantie contre l'incompétence de cadres intermédiaires qui se créent des empires personnels à partir de cultures corporatives mal comprises, et contre le conformisme institutionnalisé. En ce sens, il s'avère une arme défensive. Mais le dialogue est aussi une arme offensive pour de nouvelles conquêtes, parce que la corporation qui l'encourage par sa culture sera constamment exposée à de nouvelles intuitions et possédera un instrument puissant pour comprendre et anticiper de nouvelles opportunités. Sans le dialogue, l'effort visant à instaurer certaines valeurs dans la culture corporative sera perçu comme de la manipulation, ce qui d'ailleurs peut très bien être le cas. Avec le dialogue, l'acquisition des valeurs pertinentes devient effective autant que légitime.

La responsabilité et l'initiative personnelle sont liées de très près à cette question de dialogue. Ce dernier offre la possibilité d'améliorer constamment la poursuite des valeurs et permet de relier ces valeurs au marché et au travail quotidien dans la firme. Tout ceci n'est pas exécuté par le biais de concepts abstraits, mais par des personnes en chair et en os incarnant les valeurs de la firme par leurs gestes et leurs efforts librement consentis. Libre consentement signifie responsabilité. Libre consentement signifie initiative. Cette vision de la culture corporative est diamétralement opposée à celle d'une firme dont l'atmosphère se compare à celle d'un camp de prisonniers de guerre, où chaque geste de l'employé est appelé à être mis en doute.

Nous le savons: *Big Brother* étouffe l'initiative individuelle et plusieurs valeurs qui y sont reliées. Il suffit de constater la réaction léthargique des ouvriers russes et polonais face aux premiers balbutiements du libre marché en Europe de l'Est pour mesurer l'impact d'une vision imposée à l'esprit humain.

ÉPILOGUE

Une des firmes que nous avons visitées pourrait servir d'exemple en ce qui concerne les mesures prises pour renforcer les valeurs clés dérivées de la mission de la firme. Mais le PDG conduisait cyniquement SON vaisseau selon une planification de profits à court terme, ce qui entraînait un mouvement en dents de scie dans les résultats et dans les prix de la marchandise, et une aliénation en grande partie des effectifs. Après le licenciement du PDG, un sondage portant sur la satisfaction révéla que les employés de tous les niveaux de la pyramide hiérarchique avaient su reconnaître l'état véritable des choses derrière la mince patine du programme des valeurs promulgué avec tant d'insistance.

À l'opposé, Domco, le plus petit compétiteur dans l'oligopole de la tuile en Amérique du Nord, n'a aucun programme de valeurs et n'a pris presque aucune des mesures que nous avons mentionnées. En 1989, la firme enregistrait des pertes pour la première fois de son histoire. Le moral des employés n'avait jamais été plus bas. La confiance dans la haute direction était réduite à néant et les nouveaux propriétaires avaient fait une série de faux pas dans leur prise en charge des opérations. Un jeune ingénieur, présentant une excellente feuille de route dans le domaine de la gestion des opérations, fut appelé à la rescousse. Il rencontra ses plus proches collaborateurs et signa un pacte avec eux: «Travaillez fort, dites la vérité, protégez le droit à l'erreur.» En quatre ans, ce groupe d'intimes gagna la crédibilité de leurs subordonnés, leur communiqua leurs valeurs et donna un tel nouvel essor aux opérations que le prix des actions de Domco a quadruplé en 1993. Le rapport annuel de 1994 montre un profit sain.

Quelle est la morale de cette histoire? Que ce n'est pas le design organisationnel qui engendre les valeurs de la firme, mais bien les individus. Domco compte 500 employés et la fonction critique de production, une centaine environ. Cependant, une plus grande organisation doit miser sur d'autres éléments pour assurer une unité des valeurs. Même une plus petite organisation peut bénéficier d'une gestion formelle de cette unité.

Les tableaux 5 et 6, aux pages 197 et 198, représentent les étapes majeures nécessaires au design d'une organisation éthique. Certaines mesures, à la fois correctives et positives, doivent être adoptées.

Les mesures positives impliquent la relation entre la mission de la firme et ses valeurs de base. Une analyse objective fournit une liste de valeurs clés pour la poursuite de la mission corporative. Il peut être intéressant d'effectuer un sondage sur la mission de la firme auprès des principales parties prenantes, dans le but d'obtenir plus d'information sur ces valeurs. Cette analyse conduira à des mesures tangibles, comme une déclaration des valeurs corporatives et une charte exprimant la philosophie de l'entreprise. Cette analyse mènera aussi à des mesures permettant d'influencer et de promouvoir certains aspects de la culture corporative, dans le but de renforcer et de rehausser les valeurs pertinentes.

Les mesures correctives requerront une connaissance des faiblesses et des défauts de la firme en ce qui concerne l'éthique. Ces défauts peuvent être groupés en deux principales catégories : les points de résistance, représentés par les personnes et les comportements, et les irritants, ou défauts du design organisationnel. Le diagnostic de ces faiblesses et de ces défauts conduira la haute direction à des mesures concrètes pour éliminer ces défauts ou atténuer leur influence.

Les mesures positives et correctives doivent être synthétisées en un unique effort de design organisationnel. Des mesures correctives seules produiraient une firme de gentils petits employés qui serait brutalisée sur le marché et remise en question par ses employés compétents. Des mesures positives seules seraient inefficaces, et ne serviraient qu'à favoriser l'émergence d'une collectivité d'individus prêts à vendre leurs convictions pour un emploi.

TABLEAU 1

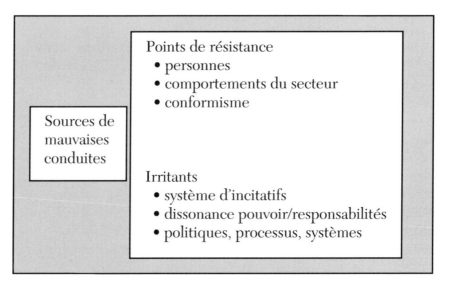

Sources de mauvaises conduites

Points de résistance
- personnes
- comportements du secteur
- conformisme

Irritants
- système d'incitatifs
- dissonance pouvoir/responsabilités
- politiques, processus, systèmes

TABLEAU 2

Partie prenante VALEURS	Clients	Fournisseurs	Etc.
Pouvoir	Influençons-nous négativement les employés des clients, en soudoyant leurs acheteurs par exemple, ou de toute autre façon ?	...	...
Santé	Notre procédé de production est-il dangereux ou malsain ?	...	...
Richesse	Payons-nous bien nos fournisseurs ?		
Vérité	Notre publicité est-elle honnête?		
Famille, attitudes sexuelles	Notre publicité est-elle conforme aux bonnes mœurs ?		

TABLEAU 3

MESURES POSITIVES

PERSONNES
haute direction
exemple

PROGRAMME

CULTURE
dialogue
responsabilité personnelle

TABLEAU 4

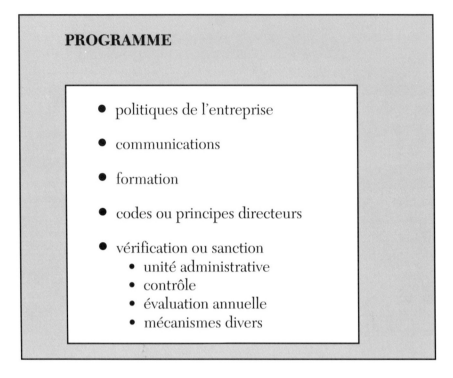

PROGRAMME

- politiques de l'entreprise

- communications

- formation

- codes ou principes directeurs

- vérification ou sanction
  - unité administrative
  - contrôle
  - évaluation annuelle
  - mécanismes divers

TABLEAU 5

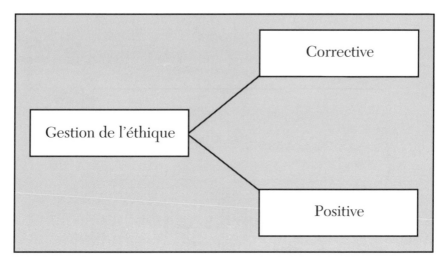

TABLEAU 6

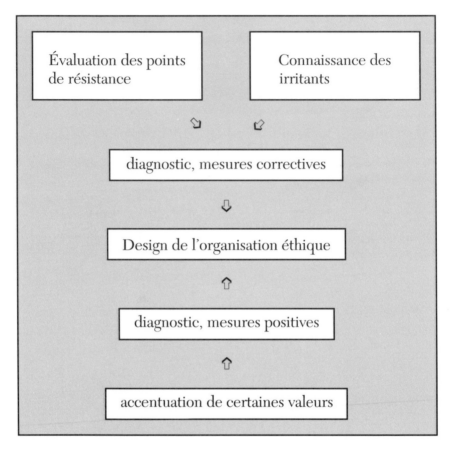

FIGURE 1

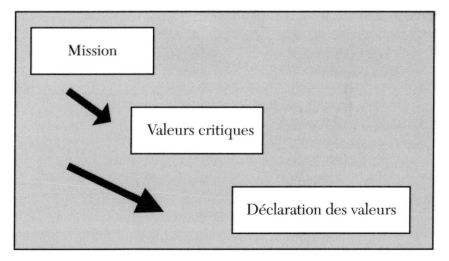

Jean Robillard, diplômé de l'UQAM, possède un baccalauréat en arts visuels et une maîtrise en philosophie.
Il fonda son entreprise, NOMADIS Communications d'affaires et relations publiques inc., en 1987.
Jean Robillard œuvre comme conseiller en communications d'affaires et en relations publiques, tout en poursuivant des activités de recherche dans les domaines de l'éthique et des communications.
Il est l'auteur du livre *Les communications d'affaires: style, efficacité, méthode*. Il est aussi actif dans le milieu universitaire comme chargé de cours au département de philosophie de l'UQAM.

B
I
O
G
R
A
P
H
I
E

LES COMMUNICATIONS DANS L'ENTREPRISE ET LA GESTION DES VALEURS

JEAN ROBILLARD

SYNOPSIS

Dans les organisations ayant atteint un certain niveau de développement structurel, les communications sont appelées à jouer un rôle de consolidation de l'ensemble des opérations; de plus et en même temps, elles doivent accomplir la tâche de renforcer le positionnement du «projet» de l'organisation ou de l'entreprise, si tant est qu'un tel projet existe effectivement.

Or, pour être exercées adéquatement, les communications doivent en quelque sorte non seulement supporter le discours officiel de l'entreprise, mais en plus faire l'objet d'une planification qui les intégrera dans le plan de gestion de l'entreprise. Ceci implique que les communications deviennent un objet sur lequel se manifeste le contrôle de l'entreprise: ce faisant, l'entreprise exerce aussi un contrôle sur le contenu de ce qui est véhiculé au moyen des communications.

Il convient de se poser deux questions: du point de vue moral, est-il pertinent pour l'entreprise d'exercer un tel contrôle? Jusqu'où peut aller l'entreprise dans son utilisation des communications?

INTRODUCTION

La gestion et les communications sont complémentaires. Elles forment, une fois réunies adéquatement, un outil de gestion essentiel au développement de l'entreprise. Et cet outil en est un de gestion de ses *valeurs*.

Ce chapitre se divise en trois parties. La première, plus théorique, vous présentera divers concepts articulés en vertu des caractéristiques éthiques et morales des entreprises. Chacune des autres parties fera l'analyse de cas particuliers d'entreprises ayant dû rassembler des notions propres à la gestion, aux communications et à l'éthique afin de poursuivre leurs activités et leur développement.

L'ENTREPRISE GÉNÉRATRICE ET CONSOMMATRICE D'INFORMATION

Une entreprise est l'organisation du travail humain dans un cadre permettant l'effectuation de ce travail dans un but donné. Ce but est défini dans son énoncé de mission. Il varie d'une entreprise à l'autre, compte tenu des besoins auxquels répondent les produits ou les services qui résultent du travail qui y est accompli. Ce but, finalement, est de nature essentiellement économique puisque le travail, qui possède une valeur éminemment économique, sert à la production de services ou de produits qui ont eux aussi une valeur économique donnée.

Cette définition de l'entreprise convient à toutes les formes d'entreprises, qu'elles soient artisanales ou gigantesques. Le travailleur autonome autant que l'entreprise multinationale ultra-développée doivent procéder à l'organisation du travail dans un but déterminé. Chacune de ces entreprises consomme du temps en vue de sa production, et met à la disposition de ceux et celles qui y travaillent des outils et des équipements de toutes sortes, en plus de définir de façon plus ou moins précise ou rationnelle les étapes, les procédés, les échéanciers et les investissements requis afin de réaliser son but. Réfléchir à ces questions, les réunir, en évaluer la portée financière à court, à moyen et à long terme, cela s'appelle gérer une entreprise.

Intervient ici l'indice de prévisibilité de la science de la gestion: en effet, les théories fournissent aux acteurs et actrices de l'entreprise des moyens leur permettant non seulement d'évaluer l'actualité de l'entreprise, mais surtout de prévoir les résultats éco-nomiques, lesquels résultats sont exprimés en termes d'objectifs quantifiés. Les connaissances qu'ont ces acteurs leur permettront d'ajuster leur tir, c'est-à-dire de tenter de mettre en place des méthodes et divers stratagèmes permettant à l'entreprise d'atteindre ces objectifs.

Une entreprise est donc essentiellement un cadre de travail et de production qui poursuit un but économique précis; gérer, c'est non seulement connaître l'état actuel d'une entreprise, mais insé-rer cette connaissance dans une prévision; cette prévision peut entraîner des conséquences quant à l'organisation du travail dans l'entreprise.

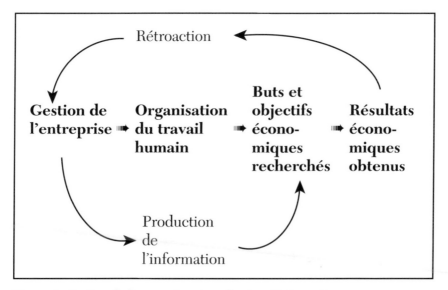

Figure 1 : Gestion de l'entreprise et production d'information

Mais est-ce bien tout? Gérer une entreprise, est-ce uniquement composer un casse-tête dont les pièces, découpées avec soin, s'intègrent les unes aux autres sans trop de difficulté? Non, bien sûr. La réalité de tous les jours est souvent fort différente et plus complexe encore. Car s'il est vrai que le gestionnaire, ou l'administrateur, doive compter sur un plan de gestion cohérent et rationnel, il doit aussi tenir compte de l'information considérable qui lui parvient d'un peu partout, et principalement des nombreux contacts qu'il entretient, tant avec des personnes de l'extérieur de son entreprise qu'avec des personnes qui y travaillent. Cette information, il ou elle en fait la cueillette, la rassemble, la sélectionne, en élimine certains contenus, pour ne retenir finalement que les éléments qui sont de nature à induire ou à motiver des décisions pouvant avoir un impact direct sur sa gestion de l'entreprise. Cette information lui permet de prévoir certaines des conséquences possibles de ses décisions et des actions qu'il aura prescrites à l'organisation. Cette information est parfois parcellaire, parfois détaillée; elle peut même parfois se composer seulement de bribes qui, cependant, lorsque replacées dans un contexte particulier, acquièrent une signification qui dépasse largement le sens de leur simple énoncé. Le ou la gestionnaire, une fois accompli son travail de réflexion et de segmentation de l'information qu'il reçoit d'un peu partout, informe à son tour son environnement: il donne des directives, des conseils ou, aux yeux d'un quelconque interlocuteur, de simples renseignements pertinents. Son auditoire, ce sont les gens qui ont besoin de l'information qu'il détient afin de remplir les tâches qui leur sont dévolues dans l'organisation du travail.

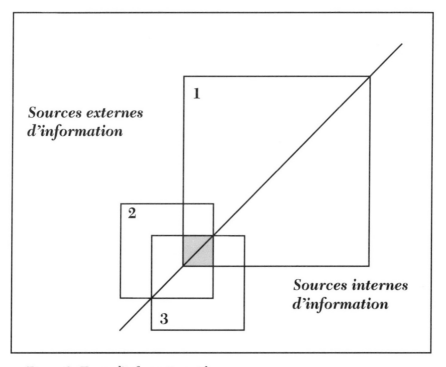

Figure 2: Types d'information et leurs sources
(Adapté de Badot et Cova, 1992)
1- Information reçue par le décideur
2- Information désirée par le décideur
3- Information nécessaire au décideur

L'entreprise, en tant qu'organisation du travail humain, a donc un besoin immense d'information. On dit habituellement que la circulation de l'information, la communication, donc, pour être efficace, doit suivre un certain sentier prédéterminé, en l'occurrence celui que dessine la structure de l'organisation. Entendons ici le concept de *structure* dans son acception la plus large: celle que définit les rapports entre les groupes et les personnes au sein de l'organisation. Or, cela n'est pas tout à fait juste. S'il est vrai que l'entreprise doit, d'une certaine façon, *consommer* de l'information, elle en est aussi une grande *productrice*.

L'entreprise se trouve nécessairement dans un environnement aux facettes multiples. Cet environnement est premièrement de nature économique : en effet, l'entreprise œuvre dans un certain marché, subit les aléas de la concurrence et doit s'ajuster continuellement aux attentes de ses clients. Mais son environnement possède aussi un caractère social, plus ou moins influencé par l'état de l'économie, certes, mais dont les *valeurs* sont néanmoins relativement peu influencées par les enjeux économiques. Finalement, l'environnement de l'entreprise a aussi un caractère politique, en ce sens que la société à laquelle appartient l'entreprise est dotée de mécanismes permettant l'exercice du pouvoir politique : celui de faire des lois et de les appliquer.

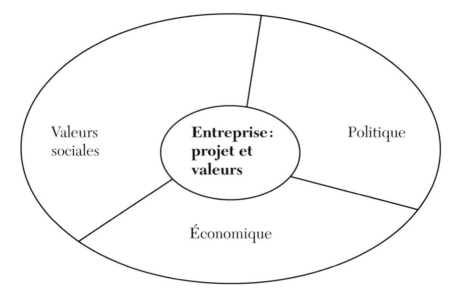

Figure 3 : L'entreprise et ses environnements de type *macro*

Ces trois principales facettes de l'environnement de l'entreprise la fournissent diversement en information. L'information de nature économique permet aux dirigeants et dirigeantes de l'entreprise de prendre des décisions qui doivent ultimement faire en sorte qu'elle sera rentable et qu'elle atteindra ses objectifs économiques ou financiers. L'information touchant aux valeurs sociales de son environnement, pour sa part, permet de procéder à des ajustements quant au design de ses produits (pensons par exemple aux protestations à l'endroit des jouets guerriers ou violents, lesquelles protestations se fondent sur un discours pacifiste qui exprime un système de valeurs précis), ou d'ajuster la façon dont l'entreprise s'adresse à sa clientèle (l'exemple des campagnes publicitaires utilisant une thématique écologique est éloquent, autant par le nombre d'utilisateurs de ce thème que par l'image que ces campagnes veulent laisser chez les consommateurs et qui a trait à la responsabilité de l'entreprise, un problème éthique par excellence). Finalement, le côté politique de son environnement fournit l'entreprise en information sur les cadres législatifs de ses actions et, plus prosaïquement, sur les programmes gouverne-mentaux qui peuvent la supporter de nombreuses façons: sur le plan financier, sur celui de l'exportation, etc.

À cela s'ajoute le phénomène décrit plus tôt, à savoir que les gestionnaires de l'entreprise reçoivent aussi de l'information en provenance des réseaux plus ou moins formels ou informels dont ils font partie. Cette information peut difficilement être qualifiée. Par contre, elle influence certainement les dirigeants et dirigeantes dans leur recherche de solutions et leurs prises de décisions. Bien que plus aléatoire que les précédents types d'information, sans aucun doute, elle n'en demeure pas moins extrêmement impor-tante. Surtout si l'on songe que les réseaux de contacts personnels ne sont viables qu'en raison d'un principe moral et psychologique simple: celui de la crédibilité que l'on reconnaît à un membre du réseau. Cette crédibilité accordée aux individus par le réseau est régie par des règles qui peuvent varier presque à l'infini, mais elle est le fondement de l'intégrité du réseau lui-même. Un réseau d'affaires est ni plus ni moins un cénacle, une sorte de chapelle qui, même informelle ou souterraine, demeure une organisation humaine dont la mission est d'assurer l'accès privilégié à diverses sources d'information pouvant avoir un impact économique réel.

Informée de son environnement au moyen de sources variées, l'entreprise ajuste donc continuellement ses stratégies aux impératifs de sa survie et de son développement. Il ne faudrait pas voir dans cette dernière affirmation un biologisme simpliste. Il n'en est rien. Cet énoncé signifie que l'entreprise doit sa survie à l'information : aucune décision ne peut se prendre sans une quelconque évaluation du contenu de l'information glanée ici et là.

Par ailleurs, l'entreprise est aussi, disions-nous, productrice d'information. En tant qu'organisation du travail, elle se compose de groupes de personnes qui effectuent des tâches plus ou moins spécialisées, selon les modèles appliqués à sa gestion interne. Alors qu'autrefois on s'attardait à gérer des séries d'actions coordonnées dans un plan de production rigide, aujourd'hui on cherche davantage à gérer des groupes humains dont les responsabilités sont accrues à l'intérieur du plan de gestion; hier les hommes et les femmes avaient un statut équivalant à celui de producteurs d'actions, aujourd'hui ils et elles sont davantage considérés comme des producteurs d'actions *et* d'information. Cette nouvelle dimension ajoutée à la valeur du travail humain est capitale. Elle entraîne les individus vers un plus haut degré de responsabilité dans l'entreprise, car en tant que producteur d'information, on attend de l'individu qu'il puisse réfléchir sur les actions qu'il pose dans l'entreprise et qu'il mette ses réflexions en relation avec l'ensemble du plan de gestion et de développement de l'entreprise, ce que l'on appelle «plan stratégique» ou «projet de l'entreprise». Cela implique une responsabilité individuelle évidente, mais entraîne aussi un niveau de responsabilité collective dans la mesure où, désormais, s'il revient à chacun de produire de l'information, celle-ci, pour être rentable, doit être échangée, donc *communiquée* à l'ensemble des travailleurs et travailleuses.

Il s'ensuit qu'il faut considérer la gestion de l'information et des communications internes comme un autre moyen de favoriser l'actualisation des objectifs stratégiques de l'entreprise. Cela ne va pas tout seul, on s'en doute.

En effet, l'entreprise doit gérer une grande quantité d'information qui provient de sources extérieures (on l'a vu) et de sources internes. En quoi consiste cette gestion de l'information ? Et, surtout, quel en est l'objectif ?

Répondons en premier lieu à la question de l'objectif de la gestion de l'information. Il est clair que cet objectif consiste à intégrer dans la gestion globale de l'entreprise seulement l'information convenant à la réalisation de ses objectifs. Maintenant, et plus concrètement, les gens qui manipulent cette information (ce sont essentiellement ceux et celles qui ont pour tâche de gérer un ou des secteurs précis de l'activité de l'entreprise, les membres des «noyaux stratégiques») ne doivent idéalement retenir et discriminer que les contenus pertinents, et les acheminer ensuite à ceux et celles qu'ils concernent directement.

On voit donc que la gestion de l'information commence premièrement par *l'analyse* des contenus et se complète ensuite par la *diffusion* de ces contenus au moyen de canaux qui sont pour la plupart établis.

Sélection des informations	Repérage des convergences	Qualification et évaluation	Canalisation et diffusion
➡	➡	➡	

Figure 4 : Cycle normal de la gestion des flux formels d'information

Pour bien nous comprendre dorénavant, appelons gestion des communications les tâches consistant, dans un premier temps, à segmenter et à retenir, parmi la masse de contenus informatifs que l'entreprise recueille et qu'elle produit, ceux qui sont de nature à favoriser l'atteinte des objectifs économiques de l'entreprise ; et, deuxièmement, les tâches consistant à communiquer l'information retenue aux individus qui y travaillent selon des modalités déterminées par un plan de gestion et de développement.

Ceci pourrait laisser supposer que seules les entreprises de grande taille gèrent effectivement leurs communications internes. Il est évident que plus l'entreprise est développée sur le plan structurel, plus elle aura généralement tendance à confier ces tâches à des spécialistes de l'analyse et de la gestion des communications. Car, habituellement, les entreprises de taille s'adjoignent les services d'une *technostructure* (phénomène qu'a bien analysé Mintzberg [1982], bien que les tendances récentes soient au changement et à l'horizontalité, donc à la quasi-désintégration des technostructures organisationnelles), rendant encore plus complexes qu'il n'y paraît les processus menant aux prises de décisions. Or, même les entreprises de plus petite taille effectuent un tel travail de gestion des communications: dans leur cas, ces tâches sont réparties entre les personnes et la diffusion des contenus d'information se fait d'habitude oralement et de manière assez informelle, permettant ainsi ce que Mintzberg appelle l'*ajustement mutuel*.

Compte tenu de sa taille et de la structure de l'organisation du travail qui y prévaut, compte tenu aussi de sa mission et de son plan de gestion et de développement, l'entreprise se présente également sous la forme d'un réseau plus ou moins vaste et plus ou moins complexe d'échange des contenus informatifs. Entendons-nous bien, le réseau dont il est ici question est le réseau formel, directement calqué sur la structure organisationnelle.

Ce calque a pour but de rendre compétente et efficace la diffusion de l'information au sein de l'entreprise développée. Les spécialistes auront alors soin de définir un ensemble de normes et de règles de régie interne des communications; par ce biais, aussi, l'entreprise entend assurer un certain contrôle sur les informations diffusées parmi les gens qui y travaillent.

Pour y parvenir, on procède selon des modalités généralement assez standardisées. Il faut dans un premier temps *repérer* les points de convergence de l'information: habituellement, ces convergences (ce que d'aucuns nomment «noyaux stratégiques») sont autant de centres de décisions dans l'entreprise. Une fois cela fait, il faut *qua-*

lifier les contenus informatifs qui convergent vers les centres de décisions : de quoi sont-ils constitués ? Quelle est leur importance relative en termes de contenu pouvant influencer les prises de décision ? La troisième étape consiste à attribuer à chaque contenu informatif les véhicules les mieux adaptés à leur diffusion comme à leurs « cibles » primaires et secondaires, cibles que l'on nommera préférablement *auditoires*. Si tous ces auditoires peuvent, théoriquement du moins, avoir accès à un ou à plusieurs contenus, tous les contenus, par contre, ne peuvent être diffusés à tous les auditoires. Les spécialistes établiront en conséquence les canaux de diffusion de l'information selon les qualités des contenus et selon le rôle qu'ils peuvent jouer dans les prises de décision. C'est ainsi que sont analysés et établis les flux formels des communications internes.

Cette façon de faire, on le voit, permet à l'entreprise de gérer ses communications internes. Mais il faut dès lors se demander si procéder de la sorte en garantit l'efficacité et la compétence. La réponse devient évidente dès que l'on convient que l'outil le plus puissant pour l'organisation du travail est l'organisation des valeurs, c'est-à-dire le système des valeurs qui a cours au sein d'une organisation quelconque du travail. Voyons maintenant plus concrètement de quoi il est question exactement.

1. L'EXEMPLE DE SNC ET LAVALIN

Cet exemple met en scène des entreprises bien connues, soit SNC et Lavalin, lesquelles ont fusionné il y a de cela quelques années à peine. Il nous intéressera dans la mesure où une fusion est une situation inhabituelle pour la majorité des entreprises, d'une part, et parce que, d'autre part, cette situation inhabituelle met en relief des éléments peu connus de la vie des entreprises.

Ainsi, lorsque SNC et Lavalin ont réuni leurs activités, indépendamment des motifs financiers liés à cette décision, les dirigeants des deux entreprises ont dû établir une sorte de bilan de la santé interne de leur entreprise respective : bilan de santé qui, normalement, devait avoir évalué la productivité des travailleurs et travailleuses, la richesse de leur capital humain ainsi que la capacité des deux entreprises, en tant que groupes distincts, à se fondre l'une dans l'autre.

À l'époque, les journalistes ont beaucoup insisté sur les aspects symboliques de cette fusion : deux géants de l'ingénierie québécoise qui allaient ainsi obtenir une stature internationale plus qu'enviable, un exemple du regroupement inévitable des forces pouvant répondre aux nouveaux impératifs de la mondialisation des marchés, etc. Cette symbolique était destinée à produire une efficace sur les représentations internes et la culture de la nouvelle entité qui allait résulter de cette fusion. Mais en fait, il s'agissait tout au plus d'une complexe opération de relations publiques qui avait surtout pour but de calmer les craintes des investisseurs et des contribuables qui, par l'intermédiaire de certaines sociétés gouvernementales ou de contrats gouvernementaux, avaient soutenu les activités de chacune des deux entreprises.

Or, ces mêmes journalistes soulevèrent aussi le véritable enjeu de cette fusion : en effet, comment, dirent-ils, deux compétiteurs aussi combatifs l'un que l'autre pouvaient-ils rapidement instaurer un climat de confiance mutuelle entre les employés ? Cette question se posait d'autant plus que SNC et Lavalin étaient reconnues pour avoir des cultures diamétralement opposées. Alors que SNC était réputée pour fonctionner selon un modèle hiérarchique rigide, laissant peu de place à l'innovation individuelle sur le plan des solutions à apporter aux contraintes de la gestion organisationnelle, Lavalin était reconnue pour son option contraire qui reposait en grande partie sur une forte décentralisation des pouvoirs décisionnels ; par ailleurs, alors que SNC valorisait surtout la primauté de l'organisation et de sa mission, un peu au détriment du facteur humain de l'entreprise (culture bureaucratique un peu aveugle), chez Lavalin, le principal symbole était celui que son fondateur cultivait tant à l'intérieur qu'à l'extérieur de son entreprise, image personnelle fortement construite sur ses réussites, ses exploits, son sens des affaires, son humanisme teinté de philanthropie. Alors que le système de valeurs de SNC était d'une grande austérité, celui de Lavalin paraissait plus souple. La SNC ne faisait montre d'aucun culte de la personnalité; il s'agissait d'une firme dirigée par des technocrates un peu invisibles; Lavalin misait beaucoup sur le paternalisme du fondateur qui accordait une confiance formelle à ses employés, ceux-ci devenant en quelque sorte les continuateurs de la vision du fondateur.

Comment, dès lors, joindre ces deux systèmes de valeurs? Comment un système de valeurs hautement technocratique pouvait-il s'unir à un système de valeurs humaniste et «opportuniste» (au sens anglais du terme, qui signifie habile, bien entendu)?

En fondant le Groupe SNC-Lavalin, les dirigeants voulurent miser sur cette image publique du «nouveau géant québécois de l'ingénierie», afin de favoriser un mariage en douceur des deux groupes d'employés et de deux systèmes de valorisation. Cette opération débuta au moyen des relations publiques externes (campagne de publicité et de relations de presse), qui se poursuivirent tout le long du processus d'intégration des groupes d'employés; parallèlement, le service des communications de la nouvelle entité développa un plan de communication interne qui utilisait principalement ce thème de «nouveau géant québécois» afin d'insuffler un nouveau sentiment d'appartenance et de fierté aux employés. L'enjeu de cette campagne: développer ni plus ni moins un système de valeurs original adapté à la nouvelle réalité de l'entreprise et à sa place dans le marché mondial des travaux d'ingénierie d'envergure.

Ainsi formulé, cet objectif traduit bien une vision technocratique de la réalité de l'entreprise: les valeurs *désirées* prennent la place occupée dans la réalité par les valeurs *effectives*. Poursuivons cette critique d'une démarche qui, de toute manière, s'est avérée non pas désastreuse (bien que cela aurait pu être le cas), mais qui fut à tout le moins le point de départ de profonds malaises chez de nombreux employés, surtout chez ceux et celles qui provenaient de l'ex-Lavalin. (J'ai, à cet égard, reçu plusieurs commentaires de vive voix et tous témoignaient dans le même sens : ces personnes ne se reconnaissaient plus dans leur nouvel environnement de travail, ce qui est typique des entreprises dont la culture est centrée sur les légendes associées à une seule personne, généralement leur fondateur, et qui, une fois ce dernier disparu du «paysage organisationnel», n'ont plus de points d'ancrage auxquels s'accrocher.)

Conçu à partir d'une abstraction manifeste, ce soi-disant nouveau système de valeurs que l'on désirait implanter chez la récente entité ne tenait pas compte d'une donnée fondamentale, à savoir la contradiction entre les deux systèmes préexistants. Le plan de communication élaboré dans ce but se contenta de créer des symboles qui devaient signifier de nouvelles valeurs et d'inculquer celles-ci aux employés. On adopta alors des stratégies de communication qui visaient principalement à perpétuer un message, celui du visage d'un nouveau géant. Mais, dans la pratique quotidienne, il était fait peu de cas de la manière dont les employés allaient intégrer ce message. En fait, on voulait que ce message soit intégré, peu importe la manière. En caricaturant, on pourrait dire qu'on avait affaire là à un régime du «crois ou meurs». Les dirigeants de la nouvelle entité avaient-ils convenu que les employés qui ne réussiraient pas leur intégration devraient quitter leur emploi sans autre cérémonie? Nul ne saurait le dire. Toutefois, le moral des troupes fut bas durant longtemps, et il n'est pas certain que toutes les tensions soient résolues à ce moment-ci.

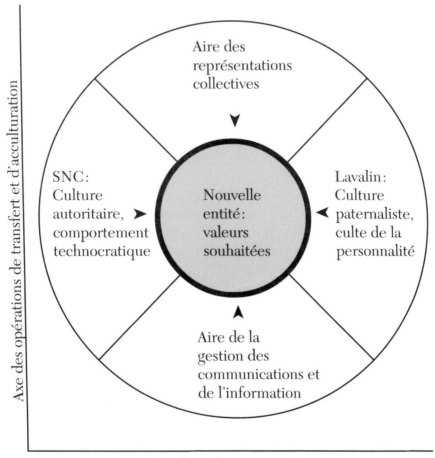

Figure 5: Structure formelle de l'intégration des valeurs lors de la fusion de SNC et de Lavalin

Une autre erreur des dirigeants de la nouvelle entité fut de considérer uniquement le flux formel des informations dans l'entreprise. Le plan de communication interne qui fut élaboré établissait sans aucun doute les voies standards de diffusion des informations. On ne s'est pas intéressé, du moins me semble-t-il, aux mécanismes informels qui auraient permis de capter des informations pouvant entraîner des décisions, qui auraient pu influer sur le cours d'une véritable intégration.

L'autre grave erreur en fut une d'appréciation: erreur d'abord dans l'appréciation de la véritable nature d'un système de valeurs. Si l'on considère qu'un tel système est celui de l'organisation des représentations du rapport que les individus entretiennent avec leur environnement de travail, et que cette organisation est fondée sur l'expérience du groupe en tant que groupe, il faut alors envisager un système de valeurs comme une réalité qui émane de cette expérience, laquelle à son tour est très largement déterminée par la structure de l'organisation. En un mot, à chaque type d'organisation ne peut correspondre qu'une certaine famille de systèmes de valorisation. Et si l'expérience du groupe en tant que groupe dans une organisation définit les valeurs qui y sont véhiculées, il devient en quelque sorte inutile de vouloir inculquer d'autres valeurs à ce même groupe sans tenir compte de nombreux facteurs tels que le temps, l'effort pédagogique à fournir auprès des employés, les noyaux de résistance manifestes ou non, un programme de représentation graphique et visuelle souple, les formules dialectales propres aux groupes en présence et, surtout, la recherche de l'assentiment des «noyaux stratégiques» et des personnes qui se trouvent aux multiples centres de convergence des flux informels d'information.

Cette première erreur d'appréciation en a entraîné une seconde: à savoir que le discours officiel de l'organisation, diffusé grâce à son réseau formel de communication, n'a pas été nécessairement intégré dans le réseau informel qui y existait aussi. Pensez par exemple à ce qui arrive au moment d'un conflit de travail: ce que disent l'entreprise et ses représentants est peu comparable à ce que disent les travailleurs et leurs représentants. Le système informel de communication, précisons-le, est constitué de «canaux» ou de chaînes de communication interindividuelles, au sein desquelles existent aussi des centres de convergence de l'information: ces centres de convergence sont autant de *centres d'influences*. Ce qui signifie qu'en raison même de la structure qui lui est propre, le réseau informel de communication peut soutenir et entretenir une culture d'opposition au projet de l'entreprise.

Dans l'exemple de SNC-Lavalin, on avait alors affaire à deux systèmes de valorisation officiels incompatibles sous plusieurs aspects. On voulait, au moyen des communications, inculquer de nouvelles valeurs aux employés. Mais on n'a pas su assez tenir compte des incompatibilités entre les deux systèmes et on a surestimé le rôle d'un système de communication formel au détriment des réseaux de communication informels qui existaient encore au moment de la fusion parmi les deux groupes d'employés. De plus, la nouvelle entité fut conçue sur un modèle davantage inspiré de l'ancienne SNC, ce qui témoignait de la volonté d'un groupe d'absorber l'autre groupe plutôt que de l'intégrer et, en l'intégrant, de s'adapter soi-même à une nouvelle situation. (Le fait que monsieur Lamarre ait été évincé, pratiquement, de la direction de la nouvelle entité, est un événement éloquent à cet égard).

2. LA COMMUNICATION ET LA RECHERCHE DE LA PERFORMANCE: LE CAS PHP

L'entreprise peut-elle gérer les valeurs qui ont cours dans son organisation? Si oui, comment peut-elle y arriver?

Afin de répondre à ces questions qui sont intimement liées, prenons l'exemple d'une autre entreprise qui sera ici présentée sous un pseudonyme afin de préserver la qualité de la relation qui l'unit à ma firme : nous la nommerons Groupe PHP. Oublions le fait qu'elle appartient à une société mère ontarienne, laquelle est en contrepartie une entité d'un vaste consortium continental. PHP est gérée au Québec comme une entreprise indépendante, mais qui doit bien entendu rendre des comptes à ses actionnaires.

Il y a de cela bientôt deux ans, la direction de PHP adopta un projet ambitieux, celui de devenir l'un des plus importants groupes de distribution et de vente de produits pharmaceutiques dans des établissements de grande surface au Québec.

Après tout juste une année d'application de son plan de développement, un problème imprévu apparut: il devint très difficile, voire pratiquement impossible, pour la direction de l'entreprise, d'obtenir une information adéquate sur ce qui se passait réellement dans son organisation: en fait, elle ne recevait aucune *rétroaction* sur les directives qu'elle émettait. La direction crut alors à une baisse de productivité de ses employés chargés de superviser les ventes et la gestion des secteurs de chacun des points de vente, et à une baisse de productivité des employés chargés de la gérance de ses établissements. Le groupe PHP fit appel à l'entreprise que je dirige afin d'être conseillé et appuyé dans l'effort de restructuration de son plan de communication interne.

La direction exigeait que les superviseurs et les gérants d'établissements produisent des rapports d'activités, mais aucune norme n'avait été émise sur la façon de produire ces rapports et sur le chemin qu'ils devaient emprunter. Ainsi, les employés répondaient à la demande de l'employeur, mais les recommandations que contenaient leurs rapports restaient la plupart du temps lettre morte. Devant cet état de fait, les employés, afin d'obtenir quelque efficacité, durent se replier sur les communications interindividuelles, donc sur des réseaux informels de communication, afin de régler les problèmes auxquels ils faisaient face ou simplement pour transmettre l'information utile. Or la direction de l'entreprise ne faisait pas vraiment partie de ces réseaux, si ce n'est ponctuellement, c'est-à-dire lorsque les superviseurs rencontraient leurs directeurs à l'occasion de réunions formelles.

Pour la haute direction de l'entreprise, il était clair que les superviseurs avaient le devoir de transmettre les directives à leurs interlocuteurs assignés, les gérants de départements et les directeurs des établissements, et qu'ils avaient aussi le devoir de transmettre à leur patron respectif toute information émanant de ces derniers groupes. Quant aux superviseurs, ils ne considéraient aucunement utile de transmettre dans les détails les informations exigées par la haute direction; au contraire il valait mieux, à leurs yeux, discuter entre eux des situations qu'ils vivaient en tant que superviseurs, pour trouver ensemble des solutions à leurs problèmes communs. D'autant plus, disaient-ils, que le personnel des établissements ne voulait rien savoir de ce que pensait et disait la haute direction. Et le personnel des établissements, effectivement, nous confirma cela, mais il nous dit aussi que le type d'information que les superviseurs leur transmettait correspondait rarement à leurs besoins réels; voyant cela, ils avaient adopté un comportement qui consistait à communiquer entre eux l'information requise à la poursuite de leurs tâches de gestion des établissements.

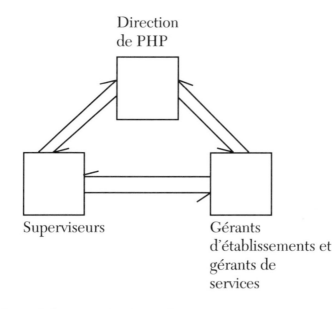

Figure 6: Schéma de la communication souhaitée par PHP

La situation se résumait ainsi: le tracé formel des communications dans l'entreprise devait suivre le tracé hiérarchique et fonctionnel de l'organisation et y correspondre parfaitement, mais dans la réalité, les communications s'établissaient selon un ensemble de relations informelles et horizontales qui divisaient les trois groupes et les empêchaient de se transmettre de l'un à l'autre l'information.

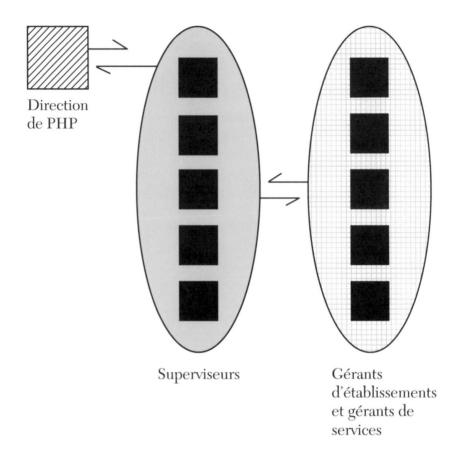

Direction
de PHP

Superviseurs

Gérants
d'établissements
et gérants de
services

Figure 7 : Effets réels du plan de communication de PHP avant intervention

Or, tous les groupes partageaient affectivement le projet de l'entreprise, mais chacun en interprétait les orientations selon des normes que leur imposait l'actualisation des stratégies du projet de développement à leur niveau respectif.

Ce client nous demanda de concevoir un plan de communication, auquel se jouxta un programme de formation portant sur les nouveaux outils de communication et leur mode d'utilisation, qui non seulement favoriserait la productivité de ces groupes d'employés, mais favoriserait de plus la consolidation des valeurs de l'entreprise telles qu'énoncées dans le plan de développement.

La question de la productivité, avons-nous pensé au moment de notre intervention, était une question incidente, davantage liée à une grave lacune dans les communications qu'à une baisse de motivation ou à un désintérêt des employés à l'égard du projet de l'entreprise. Question incidente, mais certes pas aux yeux de l'équipe de direction, dans la mesure où celle-ci ne pouvait pas faire un diagnostic exact de la situation, puisqu'il lui manquait l'information nécessaire pour le faire, et d'autant plus que les résultats comptables ne corroboraient pas ce diagnostic.

Si tout le monde partageait la vision énoncée dans le projet de développement, il en était de même des valeurs que ce même projet mettait de l'avant. En résumé, ces valeurs étaient les suivantes: l'entreprise considérait la responsabilité individuelle comme sa principale valeur, elle se voulait un centre d'expertise permettant à chaque employé d'atteindre de hauts niveaux de performance et de se réaliser en tant qu'individu, elle privilégiait une gestion transparente des opérations et elle misait sur un fort sentiment d'appartenance.

Ces valeurs, assez classiques maintenant eu égard aux nouvelles approches de la gestion, n'étaient cependant pas appuyées ou soutenues par un système de communication à l'avenant. Les employés avaient recours aux échanges informels afin d'en respecter les visées, car les procédés de communication, si peu efficaces, déployés par l'entreprise, contredisaient en grande partie les valeurs recherchées. Par ces procédés, le message de l'entreprise à ses employés était axé sur une volonté de contrôler leurs actions, ce qui était perçu comme étant en contradiction avec les principes de transparence et de responsabilisation des individus.

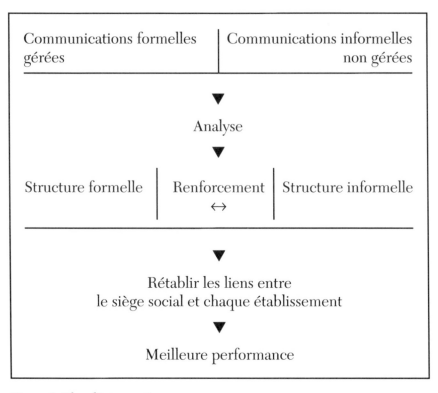

Figure 8: Plan d'intervention

La finalité du nouveau plan de communication interne ne pouvait toutefois être différente : la direction devait toujours s'assurer de contrôler les opérations de l'entreprise. Mais pour ce faire, elle n'avait besoin que de certains contenus d'information, capitaux et incontournables. Les autres contenus devaient dès lors continuer d'être partagés seulement par les personnes directement concernées, quel que soit le niveau hiérarchique auquel elles appartenaient. De plus, le flux informel des communications devait être considéré afin de s'assurer que par ce biais, l'information utile et pratique soit diffusée à qui de droit sans intermédiaire, de manière à réduire les risques d'interprétation malhabile ou inadaptée au contexte de leur énonciation et de leur réception.

C'est ainsi que nous avons soutenu cette entreprise en animant des séminaires de formation sur l'utilisation des nouveaux outils de communication, afin que les employés sachent exactement leur utilité et leur fonction. De cette façon, nous avons préservé le système de valeurs et permis à l'entreprise de continuer de gérer son projet de développement, tout en maintenant intact ce système.

ÉPILOGUE

Jusqu'où peut aller l'entreprise dans son utilisation des communications ?

En tant qu'organisation du travail humain, l'entreprise est essentiellement la réunion d'individus qui ont des intérêts parfois fort différents de participer à cette entreprise. La nécessité économique du travail est sans aucun doute le principal motif de cette réunion, mais de moins en moins cette nécessité entraîne l'imposition de contraintes morales inutiles: l'individu, le producteur d'actions, est aussi un producteur d'information utile à l'entreprise. Cette nouvelle dimension, dimension éthique autant qu'économique, fournit à l'individu une meilleure et une plus forte identité morale.

Considérant cela, les entreprises ont tout avantage à mettre en place des mécanismes qui permettront à chacun et à chacune de préserver son intégrité morale. Si l'individu est plus qu'un simple maillon de la chaîne de production, il en découle qu'il faut désormais que l'entreprise se donne les moyens, tous les moyens, afin que les individus puissent communiquer l'information dont ils sont les producteurs, et qu'en même temps, l'entreprise puisse aussi leur fournir l'information dont ils ont besoin. L'utilisation des communications dans l'entreprise ne doit plus être limitée. Cette utilisation est toujours équilibrée par la fonction économique qu'elle est appelée à remplir. Autrement dit, comme dans notre premier exemple, à une situation de déficience communicationnelle correspondront toujours des résultats faibles en termes de climat de travail, de productivité, etc. Ce que l'entreprise, ou plutôt ce que ses dirigeants et dirigeantes doivent comprendre, c'est, surtout, qu'une organisation est une structure dynamique, mouvante, constituée de plusieurs entités, de plusieurs groupes en constante interrelation, et qui sont parties prenantes au projet de l'entreprise; qu'en définitive, le système de valeurs d'une entreprise ne peut pas s'imposer d'en haut et que cet ensemble d'idées, qu'on le veuille on non, participe aussi d'un mouvement dont l'impulsion vient de toutes les constituantes de l'organisation autant que de son environnement. Ce système de valeurs est un «contrat social» et, comme pour tout contrat, toutes les parties doivent en retirer des bénéfices. Pour l'entreprise, ces bénéfices se transformeront en avantages économiques; pour les individus qui y travaillent, ces bénéfices doivent se traduire par une notion à la fois simple et complexe, celle du *respect de leur intégrité morale*.

BIBLIOGRAPHIE

BADOT, Olivier et Bernard COVA. *Le néo-marketing*, Paris, ESF Éditeur, 1992.

BEAUCHAMP, Tom, L., Editor et Norman E. BOWIE. *Ethical theory and business*, Prentice Hall, Englewood Cliffs , 1988.

BRETON, Philippe et Serge PROULX. *L'explosion de la communication — La naissance d'une nouvelle idéologie*, Paris, Montréal, La Découverte/Boréal, 1989.

FORTIN, Jean-Claude et Pierre POIRIER. *La théorie de Chester Barnard : « The functions of the executive »*, Chicoutimi, Gaëtan Morin Éditeur, 1979.

HOFFMAN, W. Michael, Editor et Jennifer MILLS MOORE. *Business Ethics*, New York, McGraw-Hill, 1984.

MARION, Gilles. *Les Images de l'entreprise*, Paris, Les éditions d'organisation, 1989.

MINTZBERG, Henry. *Structure et dynamique des organisations*, Paris, Les éditions d'organisation, 1982.

ROBILLARD, Jean. *Les communications d'affaires: style, efficacité, méthode*, Montréal, Éditions Saint-Martin, 1992.

ROBILLARD, Jean. *Les communications à valeur ajoutée* (titre provisoire, en préparation).

TREMBLAY, Jacques. *L'éthique: une nouvelle règle administrative ?* Cahier de recherche éthique n°12, Montréal, Fides, 1988.

WILLIAMS, Bernard. *Ethics and the Limits of Philosophy*, Cambridge, Harvard University Press, 1985.

nota bene: on ne saurait oublier, en matière de recherches morales et éthiques, les grands auteurs grecs antiques (Platon, Aristote), latins (Cicéron, Marc-Aurèle, Sénèque), non plus que ceux de l'époque classique (Kant, Hegel, Hume, etc.), desquels la réflexion contemporaine ne s'est nullement dégagée.

Roderick J. Macdonald est professeur au département de sciences administratives de l'UQAM depuis 1982. Auparavant, dans la "vraie vie", il a travaillé comme vendeur et comme analyste financier chez Dun & Bradstreet, et comme gestionnaire chez Black Tie Films. Il detient un Ph.D. en philosophie, une MBA, une maîtrise et un baccalauréat en arts. Il a été professeur invité en Aston University, Angleterre, IDE à Guayaquil (Equateur), IESE à Barcelone, et conférencier, conseiller ou formateur dans l'entreprise au Québec et ailleurs. Presque toutes ses publications antérieures portent sur la création de la richesse et la genèse de nouveaux secteurs industriels par l'exploitation de nouvelles technologies. Il est aussi officier ou directeur de la Fondation Sérénitas, IRCD (Institut pour la recherche, la communication et le développement), LINCCO (L'Institut pour la culture et la coopération), et le East Asia Educational Association Ltd (Hong Kong).

B I O G R A P H I E

L'ABC DE LA MORALE

RODERICK J. MACDONALD

INTRODUCTION

Quatre éléments interviennent dans l'évaluation morale de nos options: les valeurs, la complexité de l'agir humain, la nature sociale de l'être humain et les principes moraux.

Une **valeur** est un bien que nous recherchons. Il y a cinq valeurs fondamentales: le pouvoir, la relation conjugale, la vie, la vérité et la richesse. Dans la prochaine section, nous allons tenter d'expliquer un peu le contenu de ces valeurs.

La **complexité de l'agir humain** traduit l'évidence selon laquelle les conséquences de nos actes sont rarement simples, mais presque toujours multiples et, dans la plupart des cas, difficilement prévisibles ou contrôlables.

Quant à la **nature sociale de l'être humain**, elle se manifeste dans la formation de la personnalité, mais aussi dans l'agir humain. L'individu n'atteint sa maturité qu'au contact d'autres individus. Ayant atteint ce stade, il ou elle entreprend des projets de concert avec d'autres individus pour fonder une famille, réaliser une découverte, créer de la richesse, etc.

Enfin les **principes moraux**, eux, sont au nombre de deux et ont trait à la proportionnalité et à l'impartialité. En raison de la complexité de notre agir, nos bonnes actions peuvent avoir des effets secondaires indésirables. Le principe de la *proportionnalité* établit le rapport existant entre la bonté d'un geste et la malice de son effet pervers non voulu. Par contraste, il est immoral de nuire à une valeur dans le but d'atteindre une bonne fin. On attribue à Machiavel le principe en vertu duquel une fin noble justifie tous les moyens. Il s'agit d'un faux principe. Selon Machiavel également, «la fortune est une femme, et il est nécessaire, si l'on veut la soumettre, de la battre et de la frapper[1]». Voulons-nous suivre les conseils de Machiavel?

Quant au principe de l'*impartialité*, il proclame que les valeurs restent des valeurs indépendamment de qui est impliqué. Ma vie est une valeur, mais la vie de mon voisin en est une également. Je protège ma santé, mais je respecte aussi celle de mon voisin. Ce principe est aussi connu comme la règle d'or, qui connaît des formulations différentes, l'une forte et l'autre faible. La formulation faible est: «Ne fais pas à autrui ce que tu ne veux pas qu'il te fasse». La formulation forte est: «Fais à autrui ce que tu souhaites qu'il te fasse».

LES VALEURS

Nous utilisons souvent les expressions «mes valeurs», «vos valeurs», «ses valeurs» avec un sens différent. Nous donnons ainsi le sens de **valeur** à l'appréciation que nous avons d'un plat, de la beauté d'une personne ou d'une profession. Mais ces goûts sont fondés sur des valeurs plus profondes, plus universelles, en ce sens qu'elles sont partagées par tous et toutes et qu'elles donnent un sens à nos goûts. Le fait de manger pour vivre donne un sens à notre plat favori, l'accomplissement de notre sexualité (dans son sens noble) donne un sens à l'attraction que nous ressentons pour quelqu'un, le travail donne un sens à notre passion professionnelle. Quand nous accédons à ce deuxième niveau plus profond, rien ne justifie plus la différence entre les expressions «mes valeurs» et «vos valeurs». Parce que je ne choisis plus ces valeurs, j'en suis imprégné. Peu importe que je les reconnaisse ou non. Ces valeurs sont: la richesse ou les biens matériels, la vérité, la vie, la famille et le pouvoir.

La *richesse* se mesure à l'emprise que nous avons sur l'univers matériel. Plus nous assujettissons le cosmos, plus nous sommes riches. Plus nous sommes soumis à la nécessité matérielle, moins

---

1. *Le Prince*, fin du chapitre 21, traduit par de Guirandet, Garnier, 1960.

nous sommes riches. Certes, notre maîtrise de la matière est toujours partielle, parce que l'univers suit des règles que nous n'arrivons pas à contourner. Par exemple, nous pouvons utiliser notre industrie pour créer la pollution, mais nous devons par la suite en assumer les conséquences, que nous le voulions ou non. L'argent et d'autres instruments financiers servent à partager ou à faire circuler cette richesse.

Le savoir, la culture et la beauté appartiennent tous à ce patrimoine intérieur qu'est la _vérité_. Par analogie, on affirme parfois qu'une personne jouit d'une grande «richesse» spirituelle, mais il est évident que le patrimoine intérieur constitue une valeur différente du patrimoine matériel, qui caractérise la richesse.

La _santé et la vie_ sont la troisième valeur. Nous voulons tous et toutes vivre longtemps et en parfaite santé. La richesse ne donne ni la vie, ni la santé. Par contre, combinée au savoir, elle nous permet de repousser un peu les barrières de la mort.

La relation conjugale stable, qui fonde ce que nous appelons la _famille_, est la source de la vie. La génétique nous enseigne que la personne humaine est une entité distincte dès sa conception. Cependant, si nous retirons trop tôt l'enfant de sa famille, nous le mutilons ou détruisons en lui la personne qu'il constitue. L'embryon de cinq semaines meurt dans une poubelle s'il ne meurt pas lors de l'avortement. L'enfant de cinq mois sans contact stimulant sera éternellement incapable d'apprendre à parler. L'enfant de cinq ans sans milieu affectif stable, sans environnement où il se sache aimé, aura beaucoup de difficulté à atteindre une véritable maturité. Par conséquent, la santé de toute société est étroitement liée à la qualité des rapports que les hommes et les femmes y ont entre eux.

La valeur du _pouvoir_ a une dimension religieuse fondamentale. Le pouvoir s'exerce d'abord par le biais du travail. Par le travail, nous exerçons le pouvoir et augmentons notre pouvoir: la puissance de nos muscles, la force de notre caractère, l'acuité de notre jugement et la disponibilité des instruments qui multiplient notre capacité d'agir. Le travail est à la fois l'opération la plus primitive et la plus divine de l'être humain. Le travail nous transforme en créateurs et créatrices.

Dans le cas du pouvoir, le principe de l'impartialité se concrétise en deux principes. Le principe de la **solidarité** reconnaît tout simplement qu'il est bon de faire le bien en libre collaboration avec d'autres individus. Le principe de la **subsidiarité** insiste sur cette liberté, affirmant que dans une société hiérarchisée, personne n'a le droit de s'appuyer sur une position de supériorité pour restreindre les initiatives honnêtes des niveaux inférieurs. La valeur du pouvoir peut être sabotée par l'excès ou l'insuffisance. L'excès, ou *volonté de puissance*, caractérise l'individu qui essaie toujours de s'imposer comme un petit dieu ou une petite déesse. Quant à l'insuffisance, ou *volonté de plaisir*, elle caractérise celui ou celle qui ne recherche que ce qui est agréable, sans jamais rien réaliser de concret. Le pouvoir est pleinement réalisé comme valeur dans la recherche du *sens de la vie*[2]. Le pouvoir est une valeur en soi, mais il est aussi souvent associé aux autres valeurs : associé au *principe de vie* dans la procréation, il exprime la volonté de fonder une famille, mais il devient *domination* lorsqu'il est excessif et *luxure* lorsqu'il est insuffisant.

Quel est le rapport entre ces valeurs et la moralité ? Tout ce qui favorise ces valeurs est bon, et tout ce qui leur nuit est mauvais. Maintenant, nous sommes en mesure d'évaluer nos options en ce qui a trait à la gestion et aux affaires.

L'ANALYSE MORALE

La toute première règle de la morale est la suivante : « Fais le bien et évite de faire le mal ». Comme c'est souvent le cas avec l'action, cette règle est tellement évidente qu'elle ne nous apprend rien.

---

2. L'œuvre de Viktor Frankl à ce sujet est remarquable. Voir *Raisons de vivre*, Genève, Éditions du Tricorne, 1993.

Mais une petite considération s'impose. La règle commande de *faire le bien*; elle ne se résume pas à l'obligation d'*éviter de faire le mal*. Or, peu importe que nous soyons philosophes ou non, nous sommes constamment obsédés par l'évasion du mal. Nous réduisons ainsi la morale à un ensemble d'interdictions. Au point parfois de rendre notre vie ennuyeuse, pour dire les choses clairement. Nous pouvons arriver ainsi à la situation paradoxale de considérer qu'une **bonne** personne ne peut être que bonasse ou bonne à rien. Il s'agit là d'une vision insipide de la moralité, d'une vision qui n'inspire personne, jeune ou moins jeune, et qui décourage quiconque de prendre des risques, préalable à tout compromis dans l'action. Les bons seraient des gens paralysés? Mais non! Faire le bien s'impose, mais l'on pardonne plus facilement les erreurs de quelqu'un qui s'efforce d'y parvenir en entreprenant de grands projets que la paralysie de ceux et celles pour qui la seule hantise est de ne commettre jamais d'erreurs.

Nous sommes libres de choisir nos projets. Par conséquent, la morale n'impose rien de positif, sauf l'obligation de «faire le bien». Par contre, elle prescrit certaines petites restrictions négatives. La morale n'est pas un code napoléonien qui énumère les bonnes choses que nous pouvons faire. Elle comporte simplement quelque petites interdictions et nous exhorte à faire le bien tout en faisant preuve d'initiative[3].

Elle est pluraliste en soi, puisqu'elle compte sur notre initiative dans l'établissement de nos idéaux et des moyens de les atteindre.

---

3. C'est pourquoi quatre interdictions sont associées aux quatre règles fondamentales. À la richesse: tu ne voleras pas. Au patrimoine spirituel: tu ne mentiras pas. À la vie: tu ne tueras pas. À la famille: tu ne détruiras pas la famille d'autrui. Les personnes qui sont un peu familières avec la Bible ou avec le catéchisme de l'Église catholique reconnaissent très vite ici le contenu de plusieurs commandements.

Nous devons néanmoins effectuer trois vérifications pour nous assurer de ne pas miner les valeurs dans notre effort d'atteindre nos objectifs (voir tableau 1, p. 242):

1 Nos projets correspondent toujours à une ou plusieurs valeurs, que nous y pensions ou non. Même si nos prétentions semblent moins nobles. Par exemple, la gourmandise correspond à la valeur de la vie. Nos projets sont donc tous, en principe, associés à une valeur, à moins qu'il y ait dans nos prétentions quelque chose qui porte atteinte à l'intégrité de la valeur en question, ou d'une autre valeur. Dans la recherche de la richesse, par exemple, je peux nuire à ma propre santé par l'excès de travail. La gourmandise, en plus de dilapider ma richesse, peut nuire à ma santé (voir tableau 2, p. 242).

Grâce au principe de l'impartialité (que l'on connaît sans l'identifier formellement et sans qu'il soit nécessaire d'avoir un doctorat en philosophie), nous savons que la richesse et la vie d'autrui sont aussi des valeurs à respecter. Rien ne m'oblige à rendre les autres riches ou à assurer leur santé, mais je ne peux pas les voler ou les assassiner. Ma soif de richesse ne doit pas m'amener à couper arbitrairement le salaire de mes employés ou employées, ou à les obliger à travailler dans des conditions dangereuses afin d'augmenter mes propres revenus.

2 Dans la pratique, les choses sont souvent plus compliquées. Par exemple, presque tout travail industriel implique un certain risque. Par conséquent, est-il immoral d'offrir à quelqu'un un poste comportant des dangers pour sa santé pulmonaire, sa vue ou son ouïe? C'est ici que le principe de la proportionnalité devient important. L'équilibre entre le bien visé, soit celui de l'entreprise, et l'emploi du travailleur ou de la travailleuse est énormément plus important qu'un risque marginal pour l'ouïe. Quand l'effet secondaire devient plus important, par contre, la proportion diminue. Tel serait le cas des maladies reliées à l'amiante, dans les années soixante, quand on a compris que les risques d'infirmités sérieuses et de mort frôlaient les 50 % après une vie comme ouvrier dans l'industrie. Dans un tel cas, où la proportion (entre le bon effet visé et l'effet pervers non voulu) commence à diminuer, un effort proportionnellement plus grand pour redresser la situation s'impose (voir le test sur les effets pervers, tableau 3, p. 243).

Vous remarquerez qu'il n'est jamais question qu'une noble finalité justifie une action répugnante. La contamination par l'amiante et la mort d'ouvriers n'ont jamais été le moyen de produire l'amiante, mais simplement un effet secondaire nocif de sa production. Cependant, la responsabilité et la culpabilité des hauts dirigeants ont été réels, à cause de la disproportion entre le bien visé à différents niveaux (succès professionnel des cadres dirigeants, ristournes sur les actions, disponibilité des produits à base d'amiante dans l'économie, etc.) et les effets secondaires (maladie grave et mort anticipée de milliers d'ouvriers).

3 Une autre complication dans l'évaluation morale de nos options dérive de la collaboration que nous obtenons d'autres personnes. Presque tout, dans les affaires et dans la gestion, implique la collaboration de différentes personnes. Il est possible que je travaille honnêtement mais que d'autres en tirent des conséquences nocives. Suis-je responsable de cette réalité? L'exemple classique est le travail des scientifiques dans le domaine des armements nucléaires, bien que cet exemple soit peut-être nébuleux si l'on se réfère au contexte de la course aux armements qui caractérisait la guerre froide. Considérons un cas plus près du milieu des affaires et des industries typiquement québécoises. Une entreprise qui place de la publicité dans des revues qui falsifient systématiquement l'information ou qui exploitent bassement le corps féminin est-elle coupable de mensonge ou de sexisme?

Si la collaboration est formelle, tout est clair: la responsabilité est évidente. Si je place de la publicité dans ces magazines *afin* de financer le mensonge ou l'exploitation des femmes, je suis coupable de ces actes. Mon acte est conforme à mon intention. Mais la plupart des entreprises qui annoncent leurs produits ou services dans ces revues le font dans un seul but: accroître leurs revenus.

Faire de la publicité pour accroître ses revenus est un acte entrepreneurial louable. Mais nous hésitons à accepter ce geste quand il implique une collaboration avec des profiteurs du mal[4]. Nous pourrions en dire autant d'une institution financière qui fournirait des capitaux à des terroristes ou à des trafiquants de drogues.

Est-il moral pour une banque de financer le crime organisé afin d'augmenter ses revenus? Évidemment non, mais plusieurs facteurs entrent en jeu. Si la banque ignore ce financement et que cette ignorance n'est pas due à de la négligence, il est évident qu'elle est innocente. Toutefois, dès qu'elle connaît la nature des transactions, une série de vérifications, qui relèvent toutes du gros bons sens, amènent à juger du non-sens d'un tel financement:

♦ la proportion entre le but visé (augmentation des revenus) et l'effet pervers (destruction des vies par le crime qui est financé);

♦ la proximité de la banque avec le crime (L'argent va-t-il directement au crime ou au financement des activités con-

---

4. Tel est le débat que soutiennent les regroupements écologistes américains et le mouvement torontois Probe par rapport aux contrats d'Hydro-Québec avec les États de la Nouvelle-Angleterre. Ils prétendent que la société hydroélectrique québécoise détruit l'environnement et est injuste à l'égard des Cris et les Inuits. Souvent, de tels groupes s'appuient sur des allégations exagérées, voire non fondées, et il est maintenant à la mode de vérifier leur mode de financement. D'où provient l'argent de Probe, par exemple? D'un concurrent d'Hydro-Québec?

nexes ?), parce que plus la proximité est grande, plus important doit être le but visé ;

♦ la nécessité du but visé.

La première vérification est assez évidente, mais les deux autres méritent une explication (voir le test sur l'implication dans la malice des autres, tableau 4, p. 244).

La proximité s'illustre par un exemple. Le crime organisé peut investir son argent dans des projets nobles en soi, comme les arts et les spectacles (qui appartiennent au patrimoine intérieur), ou le sport (la santé appartient à la vie). Typiquement, on investit son argent tout en cherchant des prêts pour obtenir un effet de levier. On comprend que la banque qui serait impliquée dans un tel projet avec le crime organisé ferait moins de tort que celle qui financerait directement l'achat des armes pour un réseau de trafiquants de drogues.

Un autre exemple à l'intérieur d'une entreprise : une maison spécialisée dans la publication de magazines. Les personnes chargées des comptes de publicité sont-elles responsables si les éditeurs amorcent une campagne de calomnie (atteinte à la vérité) contre un personnage public ? Il est clair qu'elles sont moins coupables que les éditeurs eux-mêmes.

C'est ici que la nécessité entre en jeu. Une vendeuse ou un vendeur de publicité pour ces revues peut se demander s'il doit continuer de travailler dans la maison d'édition. Évidemment, la question se pose différemment s'il lui est pratiquement impossible de trouver un autre emploi et qu'il a plusieurs personnes à charge, et s'il reçoit plusieurs appels de chasseurs de tête chaque semaine sans avoir personne à sa charge.

Ces trois vérifications en rapport avec la proportion, la proximité et la nécessité sont sensées et naturelles ; tout le monde en voit la pertinence à l'évaluation morale. Mais elles ne sont pas automatiques, encore moins quand on se trouve dans une situation difficile. Pour faciliter la mémorisation de ces trois vérifications, utilisons les trois «p»: proportion, proximité, et... *pas* de *possibilité*!

4   Encore faut-il éviter un calcul scrupuleux de ces facteurs chaque fois que nous entrons en collaboration avec une autre personne qui sera, comme nous, imparfaite. Gardons l'esprit optimiste en visant le bien que nous pouvons faire au lieu de rester constamment paralysés en cherchant des moyens d'éviter de faire le mal. Il est bien pire de rester à ne rien faire et de contribuer ainsi au chômage, en laissant la voie libre aux malins agressifs, que de faire de petites erreurs dues à l'inexpérience en nous acheminant vers de plus nobles idéaux!

Voilà. Nous avons à peu près tout ce qu'il faut pour évaluer nos options dans la perspective du bien et du mal. En effet, le problème d'analyse le plus difficile auquel nous allons faire face est fréquent: la collaboration avec d'autres personnes qui peuvent tirer des effets pervers de nos gestes les plus nobles.

ÉPILOGUE

CONSEIL, CONSCIENCE ET EXPÉRIENCE

L'analyse morale et les concepts qu'elle intègre sont tout à fait naturels. En d'autres mots, n'importe qui devrait être capable de réaliser une telle analyse. On n'a pas besoin d'un doctorat en philosophie pour aller au ciel! Parfois, cela constitue même un obstacle...

Cependant, il est fréquent que des gestionnaires ou des entrepreneurs se trompent ou se trouvent désemparés face à un questionnement sur la moralité de leurs activités. Pourquoi? La conscience, comme tout bon jugement, doit s'éduquer. Cette éducation s'acquiert surtout par le biais de l'expérience, et aussi par des cours de philosophie. Nos parents et nos éducateurs de l'école primaire nous ont transmis la base. Il est clair qu'ils ne nous ont pas préparés à des questions éthiques comme l'équité salariale, la justesse des raisons d'un licenciement, la fermeture d'une usine, etc.

Théoriquement, chaque personne peut se débrouiller toute seule si elle a le loisir et le détachement suffisants pour analyser la question objectivement. Mais ce n'est pas pratique. En réalité, nous apprenons des autres soit par leurs conseils, soit par l'exemple qu'ils et elles nous offrent de leurs us et coutumes, bons ou mauvais. Voilà pourquoi notre analyse des événements peut devenir un peu tordue et subjective. Alors, il est bon de revenir à un modèle très simple comme le modèle décrit dans ces pages, qui ne fait pas violence à notre gros bon sens, mais nous libère au contraire de certaines mauvaises habitudes acquises au fil des ans.

Il est bon aussi, et c'est un signe de maturité, de demander conseil à un ami ou à un consultant à qui l'on peut faire confiance. Quelqu'un qui n'a pas peur de nous contredire. Par contre, une fois le conseil obtenu, la responsabilité et la décision finale reviennent toujours à celui ou celle qui agit.

Pour résumer :

♦ Nos actions sont bonnes si elles favorisent les valeurs, et mauvaises si elles leur nuisent. Donc un bon effet secondaire ne justifie pas une action perverse.

♦ Parfois, notre action favorise une ou plusieurs valeurs, mais avec un effet secondaire pervers. Puis, nous examinons la proportion entre notre bonne action et l'effet pervers.

Par exemple, nous entreprenons souvent des projets en collaboration avec d'autres, et ceux-ci ou celles-ci peuvent parfois profiter de nos bonnes actions pour en tirer des effets pervers.

Tableau 1

TOUTE INITIATIVE EST BONNE, À CONDITION:

1. Qu'elle ne nuise pas aux valeurs.

2. Que l'on évite les effets pervers; si cela est impossible: principe de proportion.

3. Que l'on évite que d'autres en profitent pour obtenir des effets pervers; si cela est impossible: principe de proportion.

Tableau 2

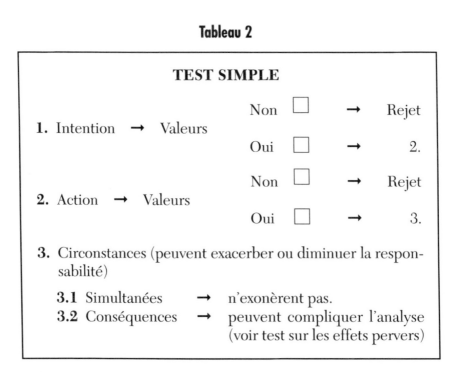

TEST SIMPLE

1. Intention → Valeurs

Non ☐ → Rejet

Oui ☐ → 2.

2. Action → Valeurs

Non ☐ → Rejet

Oui ☐ → 3.

3. Circonstances (peuvent exacerber ou diminuer la responsabilité)

3.1 Simultanées → n'exonèrent pas.

3.2 Conséquences → peuvent compliquer l'analyse (voir test sur les effets pervers)

Tableau 3

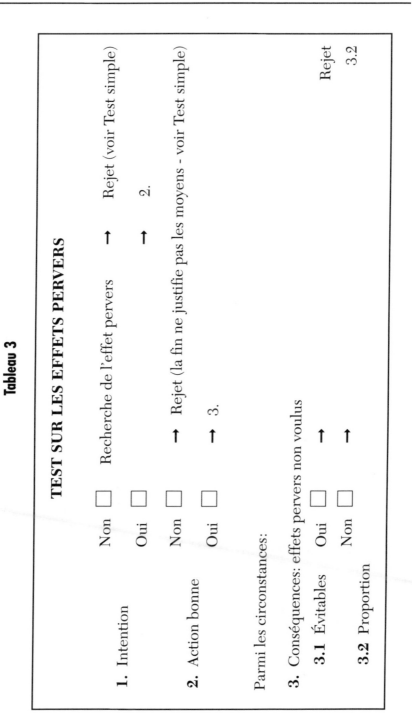

TEST SUR LES EFFETS PERVERS

1. Intention

Non ☐ Recherche de l'effet pervers → Rejet (voir Test simple)

Oui ☐ → 2.

2. Action bonne

Non ☐ → Rejet (la fin ne justifie pas les moyens - voir Test simple)

Oui ☐ → 3.

Parmi les circonstances:

3. Conséquences: effets pervers non voulus

3.1 Évitables   Oui ☐ → Rejet

3.2 Proportion   Non ☐ → 3.2

Tableau 4

TEST SUR L'IMPLICATION DANS LA MALICE DES AUTRES

1. Intention bonne   Non □ →   Ma collaboration est formelle : rejet

                       Oui □ →   2.

2. Action bonne   Non □ →   Rejet (voir Test simple)

                Oui □ →   3.

3. Circonstances

- Simultanées

  a) Nécessité (pour moi) de ma collaboration   Non □ →   Rejet (voir Test simple)

                                                   Oui □ →   b)

  b) Est-ce que je résiste?   Non □ →   Rejet

                                Oui □ →   c)

- Conséquences

  c) Proportion entre le bien que je vise et l'effet pervers, ainsi que ma proximité par rapport à lui.

ANNEXE

L'ORIGINE DES VALEURS

Cinq valeurs permettent d'accéder au bonheur : la famille, la santé, la richesse matérielle, la vérité ou richesse intérieure et le pouvoir absolu. Il y a trois façons d'arriver à cette énumération de ces cinq valeurs : par l'analyse de l'effort visant à renier la conscience, à partir d'une considération métaphysique et par le biais des enseignements moraux de quelques grandes religions.

LE PRÉTENDU REJET DE LA CONSCIENCE

La conscience est la raison qui évalue la bonté ou la méchanceté de nos gestes. La raison peut et doit être formée. Personne n'est intéressé à consulter un médecin qui n'aurait jamais étudié, qui n'aurait jamais eu un maître. Ainsi, la conscience a besoin d'être formée. On peut apprendre de ses parents, de ses enseignants et enseignantes, de l'exemple des voisins et voisines, de la télévision, etc. Les connaissances ainsi acquises peuvent être erronées. On peut envisager une personne qui aurait eu des parents malicieux ou ignorants, des voisines ou voisins déviants, ou qui aurait été inspirée dans ses principes moraux par *Dallas* ou *Scoop*.

C'est un peu l'argument de Friedrich Nietzsche qui, dans *Le Gai Savoir*, lance une attaque féroce contre la conscience, témoin de la moralité de nos actes. Mais il va plus loin. À son avis, toute conscience serait mal formée, parce qu'elle serait nécessairement l'accumulation de préjugés appris de personnes inhibées. La maturité (du surhomme) consiste dans la libération de ces inhibitions. Cassons, nous dit-il, les Tables de la Loi, pour écrire par la suite notre propre liste de valeurs[1]. Immédiatement, il observe que

---

1. *Le Gai Savoir*, quatrième livre, n° 335.

cette libération nous permettra de rencontrer notre destin, qui est de soumettre l'univers matériel. Le développement du savoir scientifique (la physique, selon lui, mais aujourd'hui nous parlons plutôt de la technologie) est essentiel si nous voulons réaliser cette domination[2].

Nietzsche ne continue pas à énumérer les exigences, mais nous pouvons le faire. Il n'y a pas de savoir scientifique sans individu vivant qui sache. Pas d'individu vivant sans procréation. Et la procréation, d'où vient-elle? S'il n'y a pas de réponse, comment serions-nous ici pour poser la question? La recherche d'une réponse à cette question, on l'appelle populairement la recherche du sens de la vie. La réponse catégorique déjà fournie par les philosophes (et aussi catégoriquement rejetée par Nietzsche), est un pouvoir absolu.

En d'autres mots, Nietzsche, dans son effort de rejeter la conscience en tant que programmation sociale et d'extirper toute notion de valeurs conventionnelles, nous conduit sans le savoir à une liste minimale de valeurs du gros bon sens, qui constituent comme cinq zones ou dimensions fondamentales de l'être humain. Ces valeurs sont l'ordre matériel, l'ordre culturel, la vie, l'ordre de la procréation et le pouvoir.

LES TRANSCENDENTAUX

La dérivation antérieure part de la tradition philosophique du XIXe siècle et d'un auteur qui a une énorme influence sur la mentalité occidentale de la fin du XXe siècle. La présente section décrit une autre dérivation, cette fois dans la tradition classique médiévale. Elle se base sur la notion des transcendentaux[3].

---

2. *ibid.*

3. Le traitement le plus simple et direct des transcendentaux se trouve chez Thomas D'Aquin, *De veritate*, q.1, a.1,c.

On dit d'une chose qu'elle «transcende» un cadre quand elle dépasse les limites de ce cadre. Ainsi, les bienfaits de l'exercice «transcendent» la simple belle apparence du corps qui en résulte. Les transcendentaux sont alors des propriétés des êtres, qui dépassent leurs frontières, qui caractérisent tous les êtres.

Les transcendentaux sont la chose, l'un, le vrai, le bien et l'*aliquid*. Drôles de noms. C'est que nous sommes peu habitués à traiter de questions si générales et si abstraites; de sujets universels. Il y a pire à venir si vous n'êtes pas un philosophe.

Le premier transcendental est la chose, l'être en tant qu'*affirmation* de soi. La chose fonde la valeur du pouvoir.

L'un est l'unité. Chaque être, dans la mesure qu'il est, est un. Ce qui est divisé, nous l'appelons deux, trois ou plusieurs. Si une pomme est divisée, nous parlons encore d'*une* pomme en faisant abstraction de cette division; si nous nous fixons sur la division, nous parlons plutôt de deux morceaux qui eux, à leur tour, sont chacun *un* morceau. Des jeux de mots? Non, puisque le mariage est précisément basé sur cette unité. Sans elle, il n'y aurait pas la valeur de la famille.

Le bien est l'être en tant qu'attirant. Les choses ne sont pas bonnes parce que je les aime. Je les aime parce qu'elles sont bonnes. Elles assurent la plénitude de mon épanouissement, ou au moins y contribuent. Donc, le bien est relié à la valeur de la vie.

Le vrai, c'est l'être en tant que fondement de la vérité dans notre raison. Il fonde la valeur de la vérité.

L'*aliquid*, c'est l'être comme distinct, différencié des autres êtres. Ce transcendental fonde la valeur des *objets* de notre possession. Nous possédons normalement des biens matériels, mais parfois nous traitons d'autres êtres humains comme des biens matériels, dans le cas de l'esclavage, par exemple.

QUELQUES GRANDES RELIGIONS

Ces même valeurs se trouvent dans les grandes religions sous la forme de normes morales[4]. En Extrême-Orient, par exemple, les cinq conseils bouddhistes sont:

> que personne ne tue aucun être vivant;
> que personne ne prenne ce qu'on ne lui donne pas;
> que personne ne parle faussement;
> que personne ne boive de boissons fermentées;
> que personne ne contrevienne à la chasteté[5].

Les Jaïna ne font pas mention spéciale de l'alcool, mais donnent une liste de quatre règles:

> ne pas tuer;
> dire la vérité;
> ne pas voler;
> rester chaste[6].

Dans la tradition judéo-chrétienne, on formule sept commandements avec ces quatre valeurs:

> *Pour la famille*: le 4e, le 6e et le 10e;
> *Pour la vie*: le 5e;

---

4. Pour ceux et celles qui ont un penchant philosophique, ce lien entre les valeurs et les normes morales repose sur la distinction entre l'opération de l'intellect et celle de la raison. Voir Juan Cruz Cruz, «Intelecto, entendimiento y razón», *Anuario Filosófico*, 9, 1976, p. 75-107, pour un survol de ces opérations dans les philosophes depuis Kant.

5. François PREVET. *La moralité professionnelle,* Tome III, p. 22. Les conseils bouddhistes ne proviennent pas de Bouddha lui-même, mais sont d'origine populaire.

6. *Ibid*, p. 520.

Pour les biens matériels: le 7ᵉ et le 10ᵉ;
Pour les biens intérieurs: le 8ᵉ [7].

Avec cela, la cinquième valeur est dévoilée, puisque les trois premiers commandements font référence à Dieu. La cinquième valeur, ou la première si vous voulez, c'est le pouvoir. Notre relation avec Dieu est une relation à l'égard d'un pouvoir créateur absolu.

---

7. Selon le décalogue donné en Exode, chapitre 20.

ÉPILOGUE

Nous pouvons et nous devons bâtir de nos mains l'avenir de notre société: tel est le message de fond de ce livre. Et l'entreprise est à la fois un lieu et un instrument de cette édification.

La famille, la vérité et la vie sont prises en otages. En conséquence, notre société se voit déshumanisée et obligée d'en payer le prix par une diminution de sa capacité de générer et d'acquérir la richesse. On abuse du pouvoir. La solidarité, vertu personnelle et principe dirigeant des initiatives individuelles, disparaît de la scène québécoise. Dans la philosophie de ceux et celles qui nous gouvernent, la subsidiarité n'a plus aucun profil, bas ou autre, et dans l'entreprise cette qualité est peu développée. L'esprit d'initiative et le sens des responsabilités sont remplacés par une mentalité qui attribue «aux autres» nos maux et problèmes, et qui attend tout de l'État providence. Même la réduction du déficit.

À l'origine, le Québec était une oasis de circonstances opportunes pour les entrepreneurs: comment les aurait-on attirés autrement? Mais déjà au XIXe siècle, surtout dans la région de Montréal, ce dynamisme était troqué contre le laisser-aller d'un libéralisme issu de l'industrialisation.

Ce mythe qu'est l'*entreprise amorale* est à rejeter, tout comme la loi d'antan fondée sur le Colt du *wild, wild West* américain. Ce sont là des philosophies naïves. L'entreprise québécoise adulte, elle, se doit d'assumer ses responsabilités sociales. De plus, le nouveau Code civil comporte plusieurs éléments d'inspiration foncièrement morale.

Comment l'entreprise peut-elle gérer ces responsabilités? D'abord, ses membres doivent agir selon la morale. Pour ce faire, leur connaissance de la morale doit correspondre à leur état particulier de citoyen ou citoyenne adultes, souvent formés à l'université et possédant une certaine expérience de travail. On ne peut pas s'attendre à ce que le tout se fasse sans appui ou structure.

L'entreprise doit être dotée d'un appareil qui favorise et facilite les comportements éthiquement positifs tout en décourageant les conduites immorales. En outre, l'orientation stratégique de l'entreprise est presque toujours déterminée par une ou deux valeurs fondamentales et universelles. Il incombe donc à l'entreprise de faire en sorte que ses employés et employées adoptent ces valeurs.

Le changement espéré commence par soi-même et se communique par la solidarité. C'est *dans les entreprises québécoises* et *par* celles-ci que se livre la bataille qui déterminera notre mode de vie. Ceux et celles qui œuvrent dans le milieu des affaires sont doublement capables d'effectuer la transformation qui s'impose, car ils sont au carrefour des transactions et font partie d'une entreprise concrète. Ceci étant dit, le changement personnel doit précéder tout changement collectif.

Notre société est sans aucun doute plus humaine que beaucoup d'autres. Cependant, nous courons les mêmes risques que l'Occident riche tout entier, et nous pouvons aussi tomber dans les mêmes pièges. Une fois les risques et les pièges repérés, il est en notre pouvoir d'influencer non seulement le profil de la vie au Québec, mais aussi, éventuellement, celui des nations avec qui nous faisons affaire. Le Canada anglais est à côté. La frontière américaine s'ouvre de plus en plus. Les Latino-Américains sont bien disposés: ils voient en nous une solution de rechange à la domination américaine, ils découvrent un peuple possédant à la fois des racines latines et une mentalité du nouveau monde.

Face à tous ces défis engageants, nous laisserons-nous bercer et assimiler par la *pax americana* ou chercherons-nous plutôt à partager avec les autres pays le mode de vie humain qui nous caractérise?

Achevé d'imprimer
en l'an mil neuf cent quatre-vingt-quinze
sur les presses des ateliers Guérin,
Montréal (Québec)